JN116714

# 二十四節気の心地よい料理と暮らし

榎本美沙

# はじめに

こんなに寒いのに、もう立春？

そんなことを感じていると、
八百屋さんで菜の花がたくさん並んでいるのを目にしたり、
鶯の鳴き声を耳にしたり。

二十四節気は、自分が感じる季節より少しだけ前に進んでいる気がします。
けれど、暮らしの中でふと感じる風景が、暦にぴったり合っていたりして
古くからの暦は、今も同じように巡っていると思うとうれしく思います。

今は、いつでもなんでも手に入る時代ですが、
二十四節気を心に留めながら日々を過ごしていくと、
見えづらかった季節が垣間見えるような気がして
台所でも、暮らしの中でも、
そんな小さな心地よさを大切にしていけたらと思っています。

この本を通じて、古くからの暮らしの知恵や気づきを
皆さまの暮らしにもお届けできますように。

榎本美沙

もくじ

## 立春　りっしゅん（2月4日〜18日頃）



## 雨水　うすい（2月19日〜3月4日頃）



## 啓蟄　けいちつ（3月5日〜19日頃）



## 春分　しゅんぶん（3月20日〜4月3日頃）

## 清明　せいめい（4月4日～18日頃）



## 穀雨　こくう（4月19日～5月4日頃）



## 立夏　りっか（5月5日～19日頃）



## 小満　しょうまん（5月20日～6月4日頃）

もくじ

## 芒種　ぼうしゅ（6月5日〜20日頃）



## 夏至　げし（6月21日〜7月6日頃）



## 小暑　しょうしょ（7月7日〜22日頃）



## 大暑　たいしょ（7月23日〜8月7日頃）

## 立秋　りっしゅう（8月8日～22日頃）



## 処暑　しょしょ（8月23日～9月7日頃）



## 白露　はくろ（9月8日～22日頃）



## 秋分　しゅうぶん（9月23日～10月7日頃）

もくじ

〔材料・作り方について〕

- 小さじ1は5㎖、大さじ1は15㎖、1合は180㎖、1カップは200㎖です。
- 「適量」はちょうどよい分量、「適宜」は好みで入れなくてもよいということです。
- 野菜類は特に指定のない場合は、洗う、むくなどの作業を済ませてからの手順を説明しています。
- 調味料類は特に指定していない場合は、酒は日本酒、醤油は濃口醤油、塩は粗塩、砂糖はきび砂糖、こしょうは黒こしょうを使っています。

## 大雪　たいせつ（12月7日〜21日頃）



## 冬至　とうじ（12月22日〜1月5日頃）



## 小寒　しょうかん（1月6日〜19日頃）



## 大寒　だいかん（1月20日〜2月3日頃）

# 立春

りっしゅん

2／4——18頃

二十四節気の最初の節気、旧暦では一年の始まり。
立春を過ぎて初めて吹く南風を「春一番」という。

## 春の訪れ、ふきのとう

ふきのとうが出始めると、春が来たなと感じます。
春ならではの苦味を楽しむことができる食材のひとつで
小さめのもののほうがアクが少なくて食べやすいです。
水にさらした姿は美しくて、
アクがたっぷりあるとは思えない透明感。

## ふきのとう味噌

ふきのとう味噌が大好きで、この時季を待ち望んでいます。
炊き立てごはんにのせてもおいしいけれど、
我が家では焼きおにぎりにするのが定番。
暦では春とはいえ、まだまだ寒い日々。
そんなときに熱々のおにぎりは元気が出ます。
オリーブオイルとも相性がよいので、パスタや炒め物に加えても。

【材料】作りやすい量

ふきのとう……100g
太白ごま油（またはサラダ油）……大さじ1
A ┌味噌、みりん……各大さじ3
　└きび砂糖……小さじ1

【作り方】

1 ふきのとうは根元の茶色い部分を切り落とし、つぼみが出るように広げ、水にさらしておく。

2 鍋にたっぷりの湯を沸かし、ふきのとうを1～2分茹でる。茹で上がったらざるに上げ、1時間ほど水にさらしてアクを抜く。水気を絞って刻む。

3 鍋に太白ごま油を中火で熱し、ふきのとうをしんなりするまで2分炒める。弱火にし、Aを加えて炒め煮にする。

＊冷蔵庫で約1週間保存可能。
＊焼きおにぎりにする場合は、軽めの塩で握ったおにぎりにふきのとう味噌を片面に塗り、魚焼きグリルまたはオーブントースターで焼き目がつくまで焼く。

# 春野菜が好き

本格的な春の到来。春の野菜の緑が好きです。
料理するときも、鮮やかな色を活かせるように調理します。
そんな春野菜を使い、季節の変わり目でもあるこの時季は、
塩麹や甘酒で味をつけた身体を整えるスープが食べたくなります。

## 春キャベツとセロリの塩麹スープ

春野菜は塩麹とよく合います。
香りと甘味を残すように
さっと火を通すと、おいしいです。

【材料】 2〜3人分
春キャベツの葉……1枚（100g）
新玉ねぎ……½個
セロリ……1本（100g）
ベーコン……1枚
オリーブオイル……小さじ1
塩麹……大さじ1½
パセリ（刻んだもの）、こしょう……各適量

【作り方】
1 春キャベツは食べやすい長さの1㎝幅に、新玉ねぎは1㎝角に、セロリは斜め薄切りにする。ベーコンは1㎝幅に切る。
2 鍋にオリーブオイルを中火で熱し、ベーコン、玉ねぎ、セロリを炒める。
3 野菜がしんなりしたらキャベツを加えてさっと炒め、水2½カップ、塩麹を加えて強火にする。
4 煮立ったら中火にして3〜4分加熱する。器に盛り、パセリとこしょうを散らす。

## 春野菜の甘酒クラムチャウダー

甘酒のやわらかな甘味で、
朝ごはんにもおすすめの甘酒スープです。

【材料】 2〜3人分
新玉ねぎ……1個
スナップえんどう……8本
あさり水煮……1缶（85g）
オリーブオイル……小さじ2
A ┌牛乳……1カップ
　│甘酒（ストレートタイプ）……½カップ
　└塩……ひとつまみ

【作り方】
1 新玉ねぎは1㎝角に、スナップえんどうはヘタと筋を取り、斜め半分に切る。
2 鍋にオリーブオイルを中火で熱し、玉ねぎとスナップえんどうを炒める。玉ねぎが透き通ってきたら水¼カップとあさりを缶汁ごと加える。
3 ひと煮立ちしたらAを加えて温め、器に盛る。

# 菜の花のほろ苦さ

菜の花はおひたしや和え物などの和食が定番ですが、
トースターやグリルで焼いてほろ苦さを味わうのが大好きで、
洋風、エスニック風の料理で使うことが多いです。
シンプルな調理法ですが、春を感じるほろ苦さを
ぜひこの時季に味わいたいもの。

## 菜の花と卵のグリル

菜の花はオイルをまぶして
トースターで焼くのが我が家の定番です。
とても簡単だけれど、焼き目の香ばしさと
ほどよい苦味が、卵に合います。

【材料】　2人分
菜の花……½束(100g)
卵……2個
オリーブオイル……大さじ1
塩、こしょう……各適量

【作り方】
1　菜の花は半分の長さに切り、オリーブオイルを絡める。耐熱皿に半量ずつ入れる。
2　卵をそれぞれのせ、塩とこしょうをまぶし、オーブントースターで7〜10分焼き色がつくまで焼く。

雨水

うすい

2/19 ― 3/4頃

雪から雨へ。雪解けの時季。
草木が芽吹き始める。

## 見た目もかわいい、花わさび

花わさびが好きで、毎年静岡県の伊豆にある
滝尻わさび園さんの花わさびを送っていただきます。
まずは白くてかわいい花をいったん飾って眺め、
花わさび特有の“怒らせる”調理で、辛みを出して楽しみます。

## 花わさびのおひたし

ほんのり苦味を感じる、春の味。
さっと火通ししてすぐに密閉することで、
辛みと香りが立ちます

【材料】 作りやすい量

花わさび……100g
だし汁（冷ましたもの）……½カップ
薄口醤油（または濃口醤油）……小さじ4
しらす……大さじ3

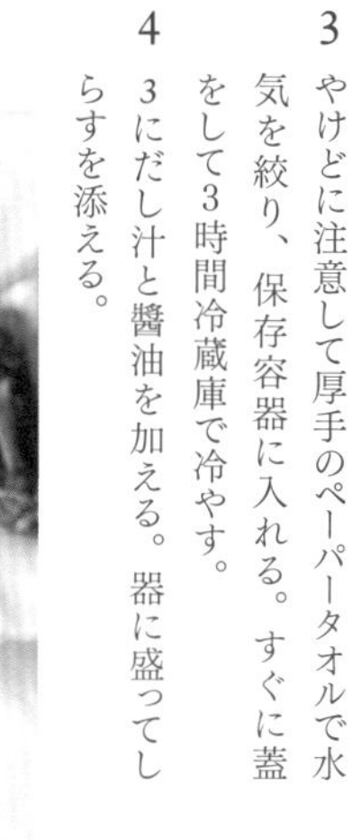

【作り方】

1 花わさびは3～4cm幅に切る。
2 鍋に水を入れて火にかけ、底全体から泡が出てきて、すぐに弾けるようになったら花わさびをさっとくぐらせ、ざるに上げる。
3 やけどに注意して厚手のペーパータオルで水気を絞り、保存容器に入れる。すぐに蓋をして3時間冷蔵庫で冷やす。
4 3にだし汁と醤油を加える。器に盛ってしらすを添える。

**滝尻わさび園**

静岡県伊豆市湯ヶ島747
Tel　0558-85-0112
Fax　0558-85-0975
Homepage　https://takijiriwasabi.jimdofree.com
花わさびの時季　2月中旬～3月末

## 鯛も野菜も昆布締めで

おつまみにもぴったりな昆布締め。
昆布にただ挟むだけで、
旨味たっぷりな絶品つまみに仕上がります。
我が家では鯛だけでなく、
野菜も昆布締めにして楽しみます。

### 鯛の昆布締め

【材料】 2人分

鯛（刺身用／柵）……150g
昆布（10㎝四方）……3枚（小さいものを合わせても可）
塩……適量

【作り方】

1 鯛はそぎ切りにする。
2 ラップの上に昆布をのせ、塩少々をふって鯛を並べる。再度塩少々をふり、昆布をのせる。
3 同様に鯛を並べ、昆布をのせる。ラップでしっかり包み、保存袋に入れて冷蔵庫でひと晩置く。

## かぶの昆布締め

【材料】 2人分
かぶ（葉付き）……1個
昆布（10㎝四方）……3枚（小さいものを合わせても可）
塩……適量

【作り方】
1 かぶは茎を1㎝残し、皮ごと縦半分に切り、5㎜の厚さに切る。茎は昆布の幅に合わせて切る。
2 鯛と同様に昆布で挟んでラップでしっかり包み、保存袋に入れて冷蔵庫でひと晩置く。

## 菜の花の昆布締め

【材料】 2人分
菜の花……½束（100g）
昆布（10㎝四方）……3枚（小さいものを合わせても可）
塩……適量

【作り方】
1 菜の花は半分の長さに切る。鍋に湯1ℓを沸かし、塩小さじ2（分量外）を加え、菜の花をさっと茹でて粗熱を取り、水気をふき取る。
2 鯛と同様に昆布で挟んでラップでしっかり包み、保存袋に入れて冷蔵庫でひと晩置く。

## ちらし寿司

煮物などは入れない、気楽なちらし寿司が好きです。好みの具材でよいけれど、昆布締めの鯛と野菜があれば、それだけでとたんに味わい深いちらし寿司に。

【材料】 作りやすい量

昆布締め（鯛、かぶ）……各適量
炊き立てのごはん……1合分
合わせ酢＊……全量
みょうが（小口切りにしたもの）、白炒りごま……各適量
＊米酢大さじ2、きび砂糖大さじ1、塩小さじ½を混ぜたもの。

【作り方】

1 ごはんに合わせ酢を混ぜ合わせる。
2 かぶの昆布締めは5㎜角に切り、かぶの葉は刻む。
3 器にすし飯を盛り、2、鯛の昆布締め、みょうが、ごまを散らす。

# お気軽クッキー

春はなんだか焼き菓子を作りたくなります。
バターの香りが芳醇なクッキーも好きだけれど、
個人的にはガリッとするほど歯応えがある素朴なクッキーが好きです。
自分で焼くときは、生地も寝かせず作れるクッキーが定番。

## 塩クッキー

【材料】25〜30枚分

A
- 薄力粉……80g
- 全粒粉（または薄力粉）……20g
- きび砂糖……30g
- 塩……小さじ¼

太白ごま油（またはサラダ油、菜種油）……大さじ3
豆乳（無調整）……大さじ1

【作り方】

1 オーブンは170℃に予熱する。
2 ボウルにAを入れて混ぜ合わせる。
3 太白ごま油を加え、手をすり合わせて全体が均一にポロポロになるまで混ぜる。豆乳を加えて混ぜ、生地をひとまとめにする。
4 生地を台に出し、ラップで挟み、麺棒で4㎜厚さにのばす。
5 直径3.5㎝程度の型で抜き、クッキングシートを敷いた天板に並べる。塩適量（分量外）を少しずつのせ、温めたオーブンで15〜18分焼き、網などの上で冷ます。

啓蟄

けいちつ

3／5—19頃

寒さが緩んで春の気配を感じ、
冬ごもりしていた虫が土の中から出て来る頃。
ひと雨ごとに暖かくなり、日差しも春めいてくる。

## 小さなミモザ

季節ごとにキッチンや部屋に花を飾るようにしています。
この時季を飾る毎年の定番、ミモザ。
綿毛のように少しずつ、
花びらを開いていく様子がかわいらしいです。

## 新玉ねぎの醤油ドレッシング

少しずつ気温が上がってくると、待ちわびた新玉ねぎの季節。
新玉ねぎは醤油ベースのドレッシングにするのが好きです。
刻んで混ぜるだけですが、辛くなく、
シャキシャキ感を味わえるのは新玉ねぎならでは。
レタスにたっぷりかけても、豚しゃぶにかけてもおいしいです。

【材料】作りやすい量
新玉ねぎ……1個(200g)
醤油……80㎖
オリーブオイル、米酢……各¼カップ
はちみつ……大さじ2

【作り方】
1 新玉ねぎはみじん切りにする。
2 玉ねぎ以外の材料を混ぜ、水気をきった玉ねぎと混ぜ合わせる。清潔な瓶に入れて保存する。
*冷蔵庫で3~4日保存可能。
*すぐに食べられるが、少し時間を置くと味がなじんでよりおいしくなる。

## 豆板醤を仕込む

そら豆を使い、毎年自家製の豆板醤を仕込みます。
意外と簡単にできるのに、コクがあって絶品！
毎年残ったものが少しずつ
熟成していく様子を見るのも楽しいです。

## 豆板醤

仕込み立てと、月日が経過したものは色もコクも違います。そら豆は蒸すことで風味がよりよくなりますが、茹でても。

【材料】 作りやすい量

そら豆……さやつきで10個(正味100g)

A
- 生米麹(常温に戻したもの)……10g
- 塩……15g
- 韓国粉唐辛子(粗挽き)……5g
- 韓国粉唐辛子(細挽き)……5g

【作り方】

1 そら豆はさやから取り出し、お歯黒(黒い筋)と反対側に切り込みを入れる。

2 蒸気の上がった蒸し器で5分蒸す(蒸し汁は取っておく)。

3 薄皮をむき、厚手のポリ袋に入れて手のひらで潰す。

4 Aを加え、すり潰すようによく混ぜ合わせる。そら豆の蒸し汁(なければ水)を小さじ1~3加え、なめらかになるように調整する。

5 アルコール消毒をした清潔な瓶に空気が入らないように上から押しながら入れる。表面にラップをはりつけ、蓋をして半年ほど直射日光の当たらない常温に置く。

# 春分

しゅんぶん

3/20 — 4/3頃

太陽が真東から昇って真西に沈み、
昼と夜の長さがほぼ同じになる。
桜も咲き、本格的な春到来。

## 春キャベツを食べるなら

春キャベツはシンプルなオイル蒸しが一番好きです。
レモン、塩でシンプルにいただきます。
甘味が引き出されて、たっぷりのキャベツもペロリと食べられます。

### 春キャベツのオイル蒸

【材料】 2人分

春キャベツ……½個(400g)
塩……小さじ⅓
オリーブオイル……大さじ1½
レモンのくし形切り……1切れ

【作り方】

1 キャベツは4〜5㎝四方に切る。
2 フライパンにキャベツを広げ入れる。塩をまぶし、オリーブオイル、水大さじ2を回しかける。
3 フライパンの蓋をして中火にかけ、蒸気が上がってきたら、弱めの中火にして4分加熱する。
4 器に盛り、レモンを搾って食べる。

## たけのこを茹でる日

茹でている間に立ち昇る、
春の香りがうれしいたけのこ。
たけのこごはんに、焼きたけのこ。
この時季だからこそ、料理はシンプルに。

## 茹でたけのこ

【材料】作りやすい量
たけのこ……小1～2本
（1本300～500gのもの）
米ぬか……1/4カップ程度
赤唐辛子……1本

【作り方】
1 たけのこは穂先（5～6㎝）を斜めに切り落とす。実を切らないように縦に2㎝深さの切り目を入れる。
2 鍋にたけのこ、被る程度の水、米ぬか、赤唐辛子を入れて強火にかける。
3 沸騰したら弱火にして落とし蓋をして1～2時間、たけのこがやわらかくなるまで茹でてアクを抜く。根元の太い部分に竹串を刺し、すっと通れば茹で上がり。茹で汁に入れたまま鍋ごと冷ます。
4 冷めたらたけのこを水洗いして米ぬかをきれいに洗い流し、皮をむく。先端のかたい部分を切り落とし、根元の突起している黒い斑点は切り落とし、姫皮をむく。

## たけのこごはん

【材料】作りやすい量

米……2合
茹でたけのこ……200g
油揚げ……½枚
A
- だし汁……1½カップ
- 薄口醤油（または濃口醤油）……大さじ2
- 酒、みりん……各大さじ1

木の芽……適宜

【作り方】

1. 米は洗い、30分浸水する。
2. たけのこは穂先と根元に分ける。穂先は5㎜幅の薄切りに、根元も5㎜幅の食べやすい大きさに切る。油揚げは1㎝角に切る。
3. 鍋に水気をきった米とAを入れて軽く混ぜ、たけのこと油揚げをのせて蓋をして中火にかける。
4. 沸騰したら弱火にして10分加熱する。火を止め、そのまま10分蒸らす。
5. 器に盛り、好みで木の芽をのせる。

## 焼きたけのこ

【材料】2人分

茹でたけのこ（皮はなくても）……小1本（300〜500gのもの）
醤油……大さじ1
みりん……大さじ½
木の芽（刻んだもの）……適量

【作り方】

1. 醤油とみりんを合わせてたれにする。
2. たけのこは縦半分に切り、魚焼きグリルまたはオーブントースターで3〜4分焼く。
3. たれを塗り、さらに3〜4分焼く。これを2〜3回繰り返し、よい焼き色になれば焼き上がり。
4. 器に盛り、木の芽をのせる。

# しっとりやわらかな 甘酒フレンチトースト

甘酒を使ったフレンチトーストは我が家の定番朝ごはんです。
ちょっと厚めの食パンもひと晩じっくり漬け込むと驚きのやわらかさに。
優しい甘味でくどくなく、気分でクロックムッシュにすることも。

## 甘酒フレンチトースト

【材料】 2人分

食パン（5枚切り）……2枚
卵……1個
甘酒（ストレートタイプ）……3/4カップ
豆乳（無調整）……1/4カップ
バター……10g
メープルシロップ（またははちみつ）……適宜

【作り方】

1 ボウルに卵を入れてよく溶き、甘酒と豆乳を加えて混ぜる。
2 食パンは半分に切って保存袋に入れ、卵液を加えて途中上下を返して冷蔵庫でひと晩置く。
3 フライパンにバターを溶かし、2のパンを入れ、弱火で5分焼き色がつくまで焼く。
4 裏返して蓋をしてさらに5分焼いて器に盛る。好みでメープルシロップをかける。

## 雪柳

春の訪れを告げる雪柳。
枝いっぱいに咲く小さな白い花が、
雪のように見えることから
名づけられたといわれています。

清明

せいめい

4/4 — 18頃

清明とは「清浄明潔（しょうじょうめいけつ）」の略。
花や鳥が生き生きと春を彩り、お花見シーズンの到来。

## 春の目覚めに甘酒黒酢

毎朝、黒酢を甘酒で割って飲むようにしています。
特に新シーズンがスタートするこの時季は、元気を出したいもの。
妊娠中も腸の調子を整えてくれた救世主ドリンクでした。

# 白の器

もともと白の器が大好きです。
特に春は白の器を使うことが多くて、
ついついお気に入りに出会うと
集めてしまいます。

*A* 田中直純さん　Instagram　@zumii85
*B* 河合竜彦さん　Instagram　@kawai_tatsuhiko
*C* 岩田哲宏さん　Instagram　@dora11
*D* 喜多村光史さん

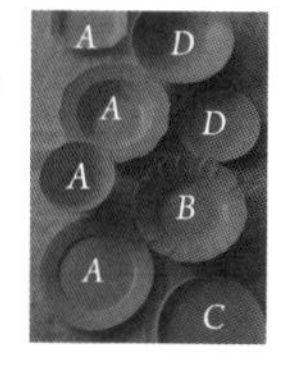

## ワタナベファームさんの平飼い卵

ワタナベファームさんの平飼い卵は、
「いろは、あかり、ひより、こはる」と4種類。
黄身は濃厚で甘味があり、白身もぎゅっと濃厚な味わいで驚きます。
味付けはほんの少しにし、卵の甘味を味わってほしい贅沢卵です。

**ワタナベファーム**

栃木県矢板市上伊佐野864-1
Homepage　https://www.daisy2017.com
Instagram　@watanabefarm

## 大人の卵サンド

春はなぜか卵サンドが食べたくなります。
おいしい卵で作ると味わいもひとしお。
我が家では、黄身と白身を分けてひと手間を。
黄身のなめらかさと白身の粗さがおいしいです。
からしも効かせて大人味に。

【材料】 2人分
食パン(8枚切り)……4枚
卵……3個
マヨネーズ……大さじ1½
バター(常温に戻したもの)……15g
練りがらし……小さじ½
塩、こしょう……各適量

【作り方】
1 鍋にたっぷりの湯を沸かし、卵を入れて8分半茹で、氷水でしっかり冷やして殻をむく。
2 バターと練りがらしを混ぜ合わせる。
3 茹で卵を黄身と白身に分ける。白身は粗めに刻み、黄身は潰し、マヨネーズ、塩、こしょうと混ぜ合わせる。
4 食パンすべての片面に2を塗り、食パン2枚に3をのせ、残りの食パンで挟む。
5 4をラップで包んで5分置いてなじませる。
6 パンの耳を切り落とし、半分に切る。

## 手軽な半熟味玉

削り節を入れることで、手軽に作れる味玉。
冷蔵庫にあれば、たんぱく質おかずが増える安心の一品です。
そのまま食べても、ポテトサラダやキャベツと和えても。

【材料】6個分

卵……6個

A
- 醤油、みりん、酒……各大さじ2
- 削り節……4g
- 水……½カップ

【作り方】

1 鍋にたっぷりの湯を沸かし、卵を入れて7分半茹で、氷水でしっかり冷やして殻をむく。

2 小鍋にAを入れて中火にかける、煮立ったら弱火で30秒～1分加熱し、火を止めて粗熱を取る。

3 保存袋に茹で卵と2を入れ、空気を抜いて封を閉じ、冷蔵庫で2～3日漬ける。

＊冷蔵庫で約3日保存可能。
＊途中上下を返すとよい。

## 季節ごとのお野菜便が楽しみ

季節に合わせて農家さんにお野菜便を頼んでいます。
長崎県雲仙の田中農園さんの野菜は、在来種の野菜が中心。
農薬化学肥料不使用で、力強い味わいでとてもおいしいです。
同封されている畑のことが書かれた直筆のお手紙も楽しみのひとつです。

**田中農園**

Homepage　https://tanakatane.thebase.in
Instagram　@tanaka_farm_chijiwa

# 穀雨

こくう

4/19 — 5/4頃

穀物に実りをもたらす雨が降り、農作物が潤う。この時季に種を蒔くとよく成長するといわれる。

## 変幻自在なヨーグルト

ヨーグルトはそのまま食べるのも大好きだけれど、
水きりしてから塩麹を合わせてマヨネーズ代わりにしたり、
甘味をつけて生クリーム代わりにしたりします。
我が家では、木次乳業のヨーグルトと
小岩井生乳のヨーグルトを気分によって食べ分けています。

**木次乳業　木次プレーンヨーグルト**

Homepage　https://www.kisuki-milk.co.jp
お客様相談窓口　0854-42-0445（9:00～17:00　日・年末年始を除く）

**小岩井乳業　小岩井 生乳100%ヨーグルト**

Homepage　https://www.koiwaimilk.com/nama100/
お客様相談室　0120-171766（10:00～16:00　土・日・祝日を除く）

## ヨーグルトポテトサラダ

我が家のポテトサラダは、ヨーグルトとオリーブオイルで作ります。
マヨラーの夫も、このポテトサラダは大好きで、
冷蔵庫に作り置いてもすぐになくなってしまいます。

【材料】 作りやすい量

じゃがいも……3個（300g）
きゅうり……½本
玉ねぎ……¼個
ハム……2枚
A
- ヨーグルト（プレーン）……大さじ3
- オリーブオイル……大さじ1
- 塩……小さじ¼

【作り方】

1 きゅうりは小口切りにして塩ひとつまみ（分量外）をふってもみ、5分置いて両手で水気をよく絞る。

2 玉ねぎは横半分に切ってから薄切りにする。耐熱皿に入れ、ふわりとラップをかけ、600Wの電子レンジで1分加熱する。ハムは半分に切ってから1cm幅に切る。

3 じゃがいもは洗って皮をむかずに水気がついたままラップで包み、600Wの電子レンジで3分半加熱し、上下を返してさらに3分加熱する。

4 やけどに注意して濡れぶきんなどを使い、じゃがいもが熱いうちに皮をむき、スプーンで粗く潰す。

5 じゃがいもとAをよく混ぜ合わせ、きゅうり、玉ねぎ、ハムを加えてさっくりと混ぜる。

＊冷蔵庫で2〜3日保存可能。

しろたえ　レアチーズケーキ

東京都港区赤坂4-1-4
Tel　03-3586-9039
Open　火〜金 10:30〜19:30
土・祝日 10:30〜19:00（日・月を除く）

## しろたえのチーズケーキ

タルトが大好きでケーキはいつもタルト一択ですが、
しろたえのレアチーズケーキは別格のおいしさ。
少しサクッとしたクッキー生地と
さっぱりとしたチーズが絶妙で、
控えめな小さいフォルムもとても好きです。
連休前頑張った日のご褒美に。

# 立夏

りっか

5／5——19頃

夏の兆しが見え始める頃。
新緑の季節で、爽やかな風が吹き、気持ちよい時季。

## 釜だき塩

塩は料理の基本ですが、
塩によって料理の味わいもぐんと変わります。
坊津の華の釜炊き塩はまろやかで、味わい深く、
料理の仕上げにも重宝しています。

**坊津の華　釜だき塩**

鹿児島県南さつま市坊津町坊5035
Tel／Fax　0993-67-2860

## 丸ごと食べたいピーマンの時季

走りのピーマンは皮もやわらかいので、
丸焼きにして、種ごとかぶりつきます。
おいしい塩と合わせれば、
ほんのりした苦味もまた夏の身体に染みる味わいに。

### ピーマンの丸ごと焼き

【材料】 2人分
ピーマン……5～6個
サラダ油……小さじ1
塩……適量

【作り方】
1 ピーマンはフォークで1～2か所穴をあける。
2 フライパンにサラダ油を熱し、弱めの中火でたまに転がしながらに12～13分焼く。
3 皿に盛り、塩をふる。

## とろりとしたなすが好き

子どもの頃からなすときゅうりが大好きです。
この時季、なすは黒酢と合わせるのが定番。
揚げ焼きにしてとろりとしたなすに
さっぱりした黒酢が染み込んで、
常温でも、冷やしてもたまらない味わいです。

### なすの南蛮風

【材料】作りやすい量
なす……4本
長ねぎ……10cm
A
黒酢……大さじ4
醬油、みりん(煮切ったもの)
……各大さじ2
赤唐辛子(種を除いて
小口切りにしたもの)……1本
揚げ油……適量

【作り方】
1 長ねぎはみじん切りにし、保存容器に入れる。Aを加えて混ぜ合わせる。
2 なすは1.5cm幅の輪切りにする。
3 フライパンに1cm深さの油を注ぎ、180℃に温め、なすを入れる。途中上下を返して4分素揚げし、油をきって熱いうちに*1*の保存容器に入れる。

*みりんは耐熱皿にラップをかけずに入れて600Wの電子レンジで1分～1分半加熱して煮切る。

## 現地を訪れてからめっきりはまってしまった黒酢

福山町でしか造れない“壺造り”という伝統製法で造られていて、
桜島が見える場所に壺が並ぶ景色は圧巻です。
すっきりとしながらも複雑な味わいで、この時季は料理によく使います。

**坂元醸造　坂元のくろず**

鹿児島県鹿児島市上之園町21-15
Tel　099-258-1777
Fax　099-250-1555
Homepage　https://www.kurozu.co.jp

## 思い出のおばあちゃんの味

祖母の出身が滋賀県で、遊びに行くと、
私の好物、丁字麩のからし酢味噌和えをよく出してくれました。
私にとっては"おばあちゃんの味"です。
甘めの味噌を使いますが、からしでキリッと味が締まり、
暑くなる時季に食べたくなります。
レシピを教えてと言っても、「適当よ〜」という返事で、
今はもう聞くことができないので、
自分なりに祖母の味を再現しては作っています。

## 丁字麩のからし酢味噌和え

【材料】作りやすい量

丁字麩……50g

きゅうり……1本

A
- 白味噌……大さじ2½
- 酢、きび砂糖……各小さじ2
- 練りがらし……小さじ1

【作り方】

1 丁字麩は半分に切り、水で戻す。きゅうりは小口切りにして塩少々(分量外)でもむ。

2 丁字麩を両手で挟むようにしてしっかりと水気を絞る。きゅうりも水気をよく絞る。

3 ボウルにAを混ぜ合わせ、2を加えて和える。

＊すぐに食べられるが、1日置くと味がよりなじむ。

麩惣製造所　丁字ふ

滋賀県近江八幡市博労町元23
Tel　0748-32-2636
Fax　0748-32-8737

# 夏の整えスープ、トマト酸辣湯

夏が始まると、酸辣湯（サンラータン）をよく作ります。
さっぱり食べられて、身体の夏冷えを労わってくれます。

## トマト酸辣湯

【材料】2人分
トマト……1個（150g）
卵……1個
水溶き片栗粉
……（片栗粉小さじ2に水小さじ4を混ぜたもの）
A
黒酢……大さじ2
醤油……大さじ1
酒……小さじ2
鶏ガラスープの素（顆粒）……小さじ1
こしょう……少々
小ねぎ（斜め薄切りにしたもの）……適量
ラー油……適量

【作り方】
1 トマトはヘタを取り、1㎝角に切る。卵はよく溶く。
2 鍋に水2カップを入れて中火にかけ、トマトとAを加える。
3 ひと煮立ちしたら水溶き片栗粉を加え、ゆるくとろみをつける。
4 溶き卵を少しずつ回し加え、そのまま数秒置く。器に盛り、小ねぎを散らし、ラー油をかける。

# mushimegane books. のボウル

mushimegane books. の熊淵さんの器は、
ひとつひとつ味があり、同じものはひとつとないのが大好きです。
ボウル類は和洋中、サラダに和え物に、スープに使うことも。
とても頻繁に使っていて重ねていても見栄えがよいので、
キッチンの見える場所に置いています。

mushimegane books.

Homepage https://mushimeganebooks.com
Instagram @mushimeganebooks

小満

しょうまん

5／20
―
6／4頃

気候がよく、あらゆる生命が活気に溢れる。
若葉だったやわらかな葉も天に向かって力強く伸びる。

## 旬果市場のヤングコーン

旬の時季しか味わえない生のヤングコーン。
とうもろこしのひげは食べることは少ないけれど、
ヤングコーンはひげが甘くて、焼いても揚げてもおいしいです。
最初に山梨の農家旬果市場さんの“きみひめ”をいただいたとき、
その甘さに驚きました。
シンプルにグリルして、塩や醤油で食べるのが定番です。

**旬果市場**

山梨県甲府市上向山町792-2
Tel　055-220-5066
Fax　055-220-5067
Homepage　https://shun-ka.com
ヤングコーンの時季　5月～

## ヤングコーンのグリル

【材料】 2人分
ヤングコーン …… 4〜5本
（魚焼きグリルに入る本数）
塩、醤油 …… 各適量

【作り方】
1 ヤングコーンは皮2〜3枚残すようにしてむく。
2 焦げないようにひげ部分にアルミホイルを巻き、魚焼きグリルで7〜8分、しっかり焼き目がつくまで焼く。
3 ナイフで切り目を入れ、塩や醤油をかける。

## 夏の強い味方、はちみつ黒酢梅シロップ

梅仕事の時季はジメジメとしてくるけれど、
梅Loverとしてはワクワクする季節です。
毎年仕込む梅仕事はたくさんあり、
はちみつ黒酢梅シロップもそのひとつ。
砂糖を使わず、はちみつで控えめな甘味、
黒酢と梅の酸味で夏の元気ドリンクに。
暑くなると、炭酸水で割ってゴクゴク飲みます。
仕込んでおいてよかった！と思えるドリンクです。

## はちみつ黒酢梅シロップ

【材料】作りやすい量
青梅……500g
はちみつ……400g
黒酢……½カップ

【作り方】

1 青梅は水洗いしてひとつずつ丁寧に水気をふき取り、竹串などでなり口のへタを取り、保存袋に入れて冷凍する。

2 アルコール消毒をした清潔な瓶に梅、はちみつ、黒酢を入れて冷暗所に置く。たまに瓶を揺するようにし、2週間後から飲み頃になる。シロップをグラスに注ぎ、炭酸水で割って飲む。

＊冷蔵庫で約1年保存可能。

## 朝にフルーツ

朝にフルーツを食べることが多いです。
なかでもプラムやあんずが大好き。
旬が短いので、フルーツを見つけては迷わず買います。
朝にガブリといただくと、
その甘酸っぱさで目が覚めて元気が出ます。

## ガラス瓶

この時季からの仕込みものには
ガラス瓶が必須です。
買いやすい密封瓶も常備しつつ、
骨董市などに足を運んでは
古いガラス瓶を探すのも楽しいものです。
ガラス瓶は一期一会、
気に入ったものはつい買ってしまいます。

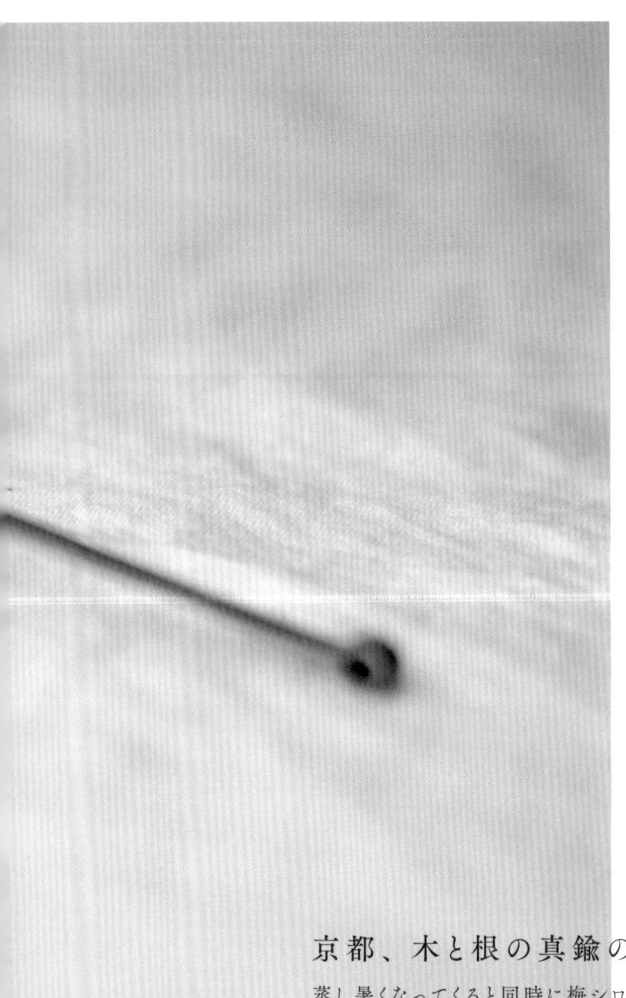

## 京都、木と根の真鍮の蜜匙

蒸し暑くなってくると同時に梅シロップも完成する時季。
暑くて身体がバテそうなときに、梅シロップで元気をチャージします。
そんなときに毎日使うのが京都にある木と根の真鍮の蜜匙。
寺本英幸さんの作品で、すくいやすいのはもちろん、
すらりと美しく、使うごとに風合いも変わってきて愛着が湧きます。

**木と根　蜜匙**

京都府京都市下京区燈籠町589-1
Tel　075-352-2428
Open　12:00～17:00（日・月を除く）
Homepage　https://kitone.jp
Instagram　@kitone_kyoto

## 実山椒をたっぷり仕込む

ピリッとした辛みとすっきりとした香りの実山椒が好きです。
実山椒が出回るときは限られますが、
実山椒の塩漬けは年中使うので、この時季にたっぷりと仕込みます。
仕込んだ塩漬けは、まずは山椒おにぎり、
薬味と一緒に混ぜごはんにするのもおいしいです。
すり鉢で少し潰してグリルした鶏肉と和えても。

### 芒種

ぼうしゅ

6/5—20頃

稲や麦などの芒(のぎ)のある作物の種を蒔く田植えの時季。
蒸し暑くなり、梅の実が熟してくる。

## 実山椒の塩漬け

【材料】作りやすい量
実山椒……正味50g
塩……5g

【作り方】
1 実山椒は枝から実を外す(軸は多少残っていてもよい)。
2 鍋にたっぷりの湯を沸かし、塩少々(分量外)を加えて指で潰せる程度になるまで7〜8分茹でる。
3 たっぷりの冷水に入れて1時間ほど置いてアクを取り、ペーパータオルで水気をよくふく。
4 アルコール消毒をした清潔な瓶に実山椒、実山椒の重量の塩10%を交互に入れ、塩が行き渡るようにする。
5 1日1回瓶をふり、2日経ったら冷蔵庫に移して1週間程度味をなじませる。

*冷蔵庫で約半年保存可能。
*小分けにしてラップで包み、冷凍庫で約1年保存可能。

## 実山椒ごはん

旬の実山椒で、
爽やかに食べられる混ぜごはん。
この時季おいしい新しょうがや
みょうがでさっぱり仕上げます。
食欲がないときでもさらりと食べられます。

【材料】作りやすい量

炊き立てごはん……2合分
合わせ酢*……全量
しらす……30g
実山椒の塩漬け……大さじ2
新しょうが……2片
みょうが……2個
白炒りごま……大さじ2
*米酢大さじ3、きび砂糖小さじ4、塩小さじ1を混ぜたもの。

【作り方】

1 新しょうがはせん切りに、みょうがは小口切りにする。

2 ごはんに合わせ酢を混ぜ合わせ、実山椒、新しょうが、しらす、ごまを加えて混ぜて器に盛り、みょうがを散らす。

## 完熟梅

梅仕事のフィナーレにふさわしいのが、
この芳醇な香りの完熟梅です。
部屋に広がる桃のような甘い香りを楽しめるのは、
作る人の特権だなと感じます。
まん丸の形も頬ずりをしたくなるかわいらしさです。

# 夏至

げし

6/21 — 7/6頃

一年で最も日が出ている時間が長い日。
雨のシーズン、これから暑さが増していく。

## すっぱい梅ジャム

私は甘めのジャムがあまり得意ではないので、
毎年この〝すっぱい梅ジャム〟を仕込みます。
砂糖なしではちみつだけで仕込む甘酸っぱい味わいは
ヨーグルトやチーズケーキにもよく合います。
ほかにはない味わいなので、たくさん仕込んでもすぐになくなってしまい、
もっと仕込めばよかったと毎年思う味です。

### 梅ジャム

【材料】作りやすい量
完熟梅……1kg
はちみつ……350〜480g

【作り方】
1 ボウルに水を張り、完熟梅を優しく洗う。竹串などでなり口のヘタを取る。
2 ホーロー鍋に梅と被る程度の水を入れて中火にかける。煮立ったら弱火にし、ときどき混ぜながら10〜13分茹でる。
3 ざるに上げ、切り込みを入れて冷ます。
4 手で潰して種を取り除きながら果肉の重量を量り、重量の60％のはちみつを量る（中心部分が熱いのでやけどに注意する）。
5 鍋に果肉を戻して中火にかけ、木べらで混ぜながら加熱する。とろみがつくまで10〜15分煮詰め、火を止めてはちみつを加えて混ぜる。アルコール消毒をした清潔な瓶に移して冷蔵庫で保存する。

＊冷蔵庫で約3週間保存可能。
＊残った種は「梅ビネガー」にするのがおすすめ。清潔な瓶に種と被る程度の酢を入れて冷蔵庫で1週間置く。マリネやドレッシングの酢代わりに使うと、香りよく仕上がる。

## 色鮮やかな赤紫蘇シロップ

青紫蘇も大好きだけれど、また違った風味の赤紫蘇も好きです。
梅の赤紫蘇漬けだけでなく、赤紫蘇シロップ、赤紫蘇の塩漬けも作ります。
赤紫蘇は酢や梅酢などの酸と合わさったときに、
ガラリと色鮮やかになるのが実験みたいで楽しいもの。
梅干しに漬けた赤紫蘇を干してフードプロセッサーにかけて
ふりかけにするのも毎年の楽しみです。

## 赤紫蘇シロップ

【材料】作りやすい量
赤紫蘇の葉（茎を除いたもの）
……正味200g
きび砂糖……100g
りんご酢……1/4カップ

【作り方】

1 ボウルに赤紫蘇を入れて水洗いし、ざるに上げて水気をよくきる。

2 鍋に水1 1/2カップを入れて沸かし、赤紫蘇を入れて菜箸で混ぜながら3分煮る（湯は少なめだが、葉を混ぜながら葉全体が緑色になるように混ぜる）。

3 ボウルにざるを重ねて1を入れ、へらで押さえるようにして汁を絞り出す。

4 熱いうちに砂糖を加えてしっかり混ぜて溶かし、りんご酢を加えて混ぜる。アルコール消毒をした清潔な瓶に移して冷蔵庫で保存する。

＊冷蔵庫で約1か月保存可能。
＊赤紫蘇シャーベットもおすすめ。シロップと水を1対1で割り、保存袋に入れて冷凍庫で凍らせる。凍らせる途中で一度袋の上からもむと、食べやすいシャーベット状になる。

## 赤紫蘇の塩漬け

赤紫蘇シロップと一緒に仕込むのが、この塩漬け。
ごはんに混ぜ込んでおにぎりにすれば、
爽やかな香りで、食欲のないこの時季におすすめです。

【材料】 作りやすい量

赤紫蘇の葉（茎を除いたもの）……正味200g
塩……50g
白梅酢……¾カップ

【作り方】

1 ボウルに赤紫蘇を入れて水洗いし、ざるに上げて水気をよくきる。
2 乾いたボウルに赤紫蘇、塩半量を入れ、ギュッギュッとよくもみ込み、アクを抜く。
3 よく絞って水分を捨て、残りの塩をもみ込み、さらに水分を捨てる。
4 アルコール消毒をした清潔な保存容器に入れる。白梅酢を加えてなじませ、冷蔵庫で2〜3日置く。

＊冷蔵庫で約1か月保存可能。
＊赤紫蘇の汁を絞って刻み、野菜と和えてもおいしい。

## 新しょうがはかわいいピンクの甘酢漬けに

梅雨のシーズンがやって来ると、
皮が薄くて爽やかな新しょうがの甘酢漬けが重宝します。
ピンク色の部分を残して漬けると、うっすらピンクに染まります。
和え物や麺、ごはんに混ぜたりして楽しみます。

### 新しょうがの甘酢漬け

**【材料】** 作りやすい量

- 新しょうが……200g
- A
  - きび砂糖……¼カップ
  - 酢……½カップ
  - 塩……小さじ¼

**【作り方】**

1. 新しょうがはスプーンで汚れている部分をこそげ、繊維に沿って薄切りにする。
2. 鍋にたっぷりの湯を沸かし、*1*を1〜2分茹でてざるに上げて冷ます。
3. 計量カップにAの材料を砂糖から順に入れてよく混ぜる。
4. アルコール消毒をした清潔な瓶にしょうがと*3*を入れてなじませ、冷蔵庫でひと晩置く。

＊冷蔵庫で2〜3か月保存可能。

## ぬか床

我が家のぬか床は、
旨味食材をあまり入れないので、
乳酸発酵のキュッとした酸味が
しっかり感じられるシンプルな味わいです。
ぬか漬けはやっぱりきゅうり！
タイミングよく間引ききゅうりが
手に入ったら必ずぬか床にします。
すいかの皮のぬか漬けもおすすめです。

【材料】作りやすい量

米ぬか……1kg
塩……130g
A
- 昆布（5cm四方）……2枚
- 赤唐辛子……2本
- 煮干し……6本
- 削り節……4g

捨て漬け野菜
（にんじんや大根の皮など）……適量

【作り方】

1 鍋に水1ℓと塩を入れて混ぜながら火にかけ、ひと煮立ちして塩が溶けたら火を止めてそのまま冷ます。

2 大きなボウルに米ぬかと*1*を入れて全体に水分がなじむまでよく混ぜる。

3 2にAを加えて混ぜ合わせ、アルコール消毒をした清潔な容器に入れる。

4 捨て漬け野菜を漬け込み、表面をならし、ペーパータオルで縁をきれいにふき取る。直射日光の当たらない常温に置き、できれば1日に2回混ぜ、3～4日で漬け野菜を取り替える（漬け野菜を交換するときは野菜を絞り、絞り汁をぬかに混ぜる）。15日ほどしたらぬか床が完成。

＊捨て漬け野菜はにんじんや大根、かぶの葉、白菜、キャベツなどのアクが少ない野菜がよい。

＊ぬか床ができたら、冷蔵庫の野菜室で保存。2～3日に1回ぬか床を混ぜ、お好みの野菜を漬け込む。

＊野菜を漬けるときは野菜に塩少々をすり込み、野菜がぬか床の表面から出ないようにする。

# 小暑

しょうしょ

7／7——22頃

蝉の鳴き声が響き渡り、本格的な暑さが到来。
暑中見舞いを出し始める時季。

## すいかに柑橘

暑さが増してくる時季は、すいかで水分補給。
すいかにかぼすやすだちなどの柑橘を搾るのが大好きです。
ちょっと塩もふって、しっかり夏バテ対策をします。

## 香ばしい夏のおつまみ

この時季大好きな食材のひとつ、
ビタミンBなどが豊富で夏バテ対策にもなる枝豆。
我が家では茹でるよりも焼くほうが多いです。
やや多めの塩でもみ、グリルで焼くだけですが、
茹でるより味がギュッと凝縮して、香ばしさも増します。

### 焼き枝豆

【材料】 2人分
枝豆……1袋（250g）
塩……小さじ2

【作り方】
1 枝豆は水洗いして軽く水気をきり、ボウルに入れて塩を加えてもむ。
2 魚焼きグリルにアルミホイルを敷き、枝豆を並べ、さやにしっかり焼き色がつくまで強火で8～10分焼く。

小暑

## 暑い日の冷や汁

味噌汁が好きなので、夏に欠かせないのが"冷や汁"。
私のレシピは魚などを入れない手軽レシピです。
味噌を焦がして香ばしさと深みをつけるのがおいしく仕上げるコツ。
そうめんや、一度水洗いしたごはんを入れてもおいしく、
暑くて食欲がないときでもさらりと食べられます。

### 冷や汁

【材料】 3〜4人分
木綿豆腐……1丁(300g)
きゅうり……1本
みょうが……1個
青紫蘇……5枚
だし汁(冷ましたもの)……2カップ
味噌……大さじ4
白炒りごま……大さじ2

【作り方】
1 豆腐はペーパータオルで2重に包む。耐熱皿にのせ、600Wの電子レンジで3分加熱し、ペーパータオルに包んだまま置く。
2 きゅうりは小口切りにして塩ひとつまみ(分量外)でもんで5分置き、さっと水洗いして水気をしっかり絞る。みょうがは小口切りに、青紫蘇はせん切りにする。
3 アルミホイルにサラダ油(分量外)を塗って味噌を広げのせ、オーブントースターで5〜6分しっかり焼き色がつくまで焼く。
4 ごまはすり鉢ですり、だし汁、味噌を加えて混ぜる。豆腐をちぎって加え、きゅうり、みょうが、青紫蘇、氷適量(分量外)を加える。
＊ごまはすり立てを使うと香りが引き立つが、すりごまを使っても。

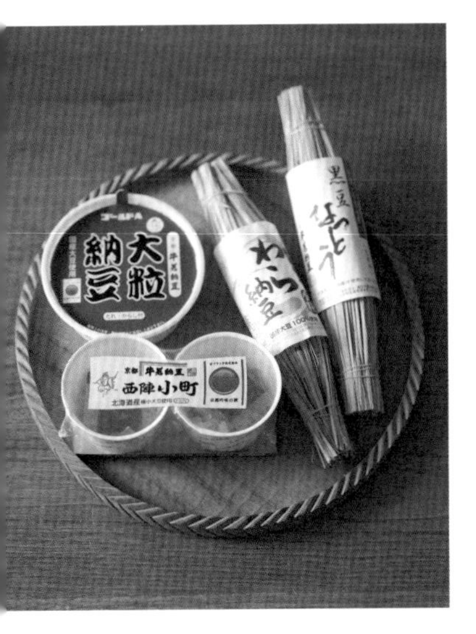


## 納豆

7月10日は納豆の日。
お気に入りの納豆はいろいろとありますが、
定番は京都の牛若納豆の西陣小町。
極小粒の納豆で糸の引きが強く、
たれも甘すぎないのでさっぱりとしておいしいです。
もっちりとしている黒豆納豆もおすすめです。

**牛若納豆**
**大粒納豆、西陣小町、わら納豆、黒豆のわら納豆**
京都府京都市北区紫竹下緑町51-10
Tel　075-494-0700
Fax　075-494-0710
Homepage　https://www.ushiwaka-nattou.com

## 伊崎さんの麺

長崎県島原で、手延べ麺を家族で作っていらっしゃる伊崎さん。
つるりとした麺がおいしくて、
島原を訪れたときには製麺所やお家にもお邪魔させていただきました。
丁寧に製麺されている姿に、おいしさの理由が分かりました。

**島原そだち本舗　伊崎洋明商店**
**手延べそうめん、もち麦麺**

長崎県南島原市西有家町須川448-1
Homepage　https://shimabara.cc
Instagram　@izaki_men

## 梅トマトの冷やし麺

蒸し暑くなってくるとそうめんの出番が増えます。角切りにしたトマトと梅を合わせた"梅トマト"をのせるのが大好き。ごまたっぷりの豆乳だれはコクも出て、夏場に不足しがちなたんぱく質補給にもなります。

【材料】 2人分

そうめん……3束(150g)
梅干し……3個
トマト……1個(150g)
A
- 豆乳(無調整)……1カップ
- めんつゆ(3倍濃縮)、白すりごま……各大さじ2

【作り方】

1 トマトはヘタを取り、1.5cm角に切る。梅干しは種を除いて手でちぎる。
2 ボウルにトマト、梅干し、Aを入れて混ぜ合わせてたれにする。
3 鍋にたっぷりの湯を沸かし、そうめんを袋の表示通りに茹でる。
4 流水でもみ洗いをして水気をきる。器に盛り、たれをかける。

# 大暑

たいしょ

7/23 — 8/7頃

本格的な暑さが到来。
入道雲が出て、夏休みの真っ盛りで
花火大会などワクワクする夏のイベントも多い時季。
土用の丑の日にうなぎを食べる。

## 梅酢を手水におにぎりを

梅干し作りの副産物、梅酢。
この時季はおにぎりの手水に梅酢を使います。
ほどよい塩気と酸味が加わって元気が出る味わいです。

## 豆腐甘酒アイス

暑い時季には甘酒でアイスを作るのが定番です。
豆腐と甘酒を使えば、砂糖いらずのヘルシーアイスに。
なめらかな舌触りと甘酒の優しい甘味に仕上がります。
好みのフルーツと合わせても。

【材料】 作りやすい量
絹ごし豆腐……½丁(150g)
甘酒(2倍濃縮)……¾カップ
レモン果汁……大さじ1
塩……ひとつまみ
ミントの葉……適宜

【作り方】
1 豆腐はペーパータオルに2重で包み、耐熱皿に入れる。
2 600Wの電子レンジで1分半加熱して水きりする。
3 ミキサーに2、甘酒、レモン果汁、塩を入れて撹拌し、保存容器に入れて冷凍庫で凍らせる。
4 途中2時間おきに2回ほどかき混ぜる。グラスに盛り、好みでミントの葉を添える。

＊途中でかき混ぜることでなめらかな仕上がりになる。
＊食べるときは5分常温に置いてしっかり混ぜると、食べやすい。

# フレッシュな柚子胡椒を仕込む

柚子胡椒は一年中使う大好きな調味料で、
毎年必ず仕込みます。鍋のイメージがある柚子胡椒ですが、
手作りするとフレッシュな香りで、夏の料理にもぴったり。
鶏肉や魚のグリル、たこなどのお刺身と合わせたり、
唐揚げに添えたりと、料理のアクセントに重宝します。
ちなみに冬には黄柚子で仕込んで鍋のお供にします。

## 柚子胡椒

【材料】作りやすい量
青柚子……10個
青唐辛子……20本
塩……15〜30g

【作り方】

1 青柚子は皮をおろし金でする（なるべく白い部分が入らないようにし、果肉は残しておく）。青唐辛子は調理用手袋をして、ヘタと種を除いてみじん切りにする。

2 青柚子の皮と青唐辛子を合わせた重量の20％の塩を量る。

3 すり鉢に青唐辛子を入れ、すり混ぜる。さらに柚子の皮と塩を加えて全体がなじむまでさらにすり混ぜる。なめらかさが足りなければ青柚子の果汁を少量ずつ加える。

4 アルコール消毒をした清潔な保存容器に入れ、冷蔵庫で保存する。

＊冷蔵庫で約3か月保存可能。
＊残った青柚子は果汁を搾り、自家製ぽん酢を作る。

旬のたこを柚子胡椒で和え、オリーブオイルを回しかければ、さっぱり食べられるおつまみに。香りとピリッとした辛みが夏にぴったり。

## 余った柚子果汁は自家製ぽん酢に

柚子胡椒を作った際に余った柚子果汁はぽん酢にします。
昆布、削り節、醤油、みりんとシンプルな食材で、
深みのある絶品ぽん酢に仕上がります。
1週間後から使えますが、さらに1週間寝かせれば、
さらに深みが増します。

### 自家製ぽん酢

【材料】作りやすい量

柚子果汁（またはかぼす果汁）……½カップ
昆布（5㎝四方）……2枚
削り節……5g
醤油……½カップ
みりん……小さじ2

【作り方】

1 昆布は1㎝幅の切り込みを入れる。
2 アルコール消毒をした清潔な瓶にすべての材料を入れ、冷蔵庫で1～2週間置く。
3 昆布と削り節を濾して瓶に戻し入れる。

＊冷蔵庫で約半年保存可能。
＊みりんのアルコールが気になる場合は煮切ってから使う。その際は、耐熱皿に入れてラップをかけずに600Wの電子レンジで30～40秒加熱する。

# 立秋

りっしゅう

8/8 ― 22頃

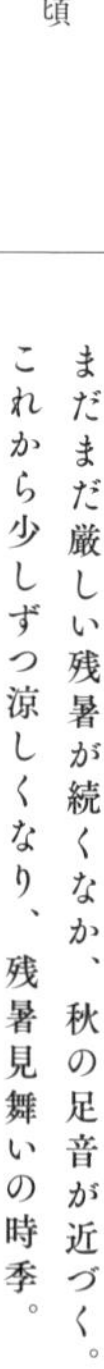

まだまだ厳しい残暑が続くなか、秋の足音が近づく。
これから少しずつ涼しくなり、残暑見舞いの時季。

## おくらと梅の塩麹スープ

まだ暑いけど、身体を
冷やしたくない時季によく作るスープ。
塩麹だけのシンプルな味付けですが、
とろりとしたおくらに梅の酸味が合います。

【材料】 2人分
おくら……5本
梅干し……2個
A
だし汁……2カップ
塩麹、酒……各大さじ1
しょうが（すりおろしたもの）……小さじ1

【作り方】
1 おくらは小口切りにする。
2 鍋にAを入れて中火にかけ、煮立ったらおくらを入れ、1分加熱する。火を止めて梅干しをちぎり入れる。

## 薬味たっぷりの豚しゃぶ

残暑を乗り切るのに豚肉や発酵食品をよく使います。
豚しゃぶはとにかくやわらかく仕上げたいので、
ごく弱火で少しずつ茹でて、火が通ったらすぐに出します。
黒酢味噌だれはサラダや麺類などによく使う万能だれで、
この時季は頻繁に食卓に登場します。

【材料】 2人分

豚薄切り肉（しゃぶしゃぶ用）
……250g
三つ葉……1株
みょうが……1個
青紫蘇……3枚
きゅうり……1本
［黒酢味噌だれ］
味噌、みりん、酒、黒酢、
白すりごま……各大さじ1
ごま油……小さじ1

【作り方】

1 黒酢味噌だれを作る。酒とみりんは耐熱皿に入れ、ラップをかけずに600Wの電子レンジで1分加熱して煮切る。残りの材料と合わせてたれにする。

2 三つ葉は3cm幅に、みょうがは小口切りに、青紫蘇はせん切りにする。きゅうりは長さを3等分にしてピーラーでスライスにする。

3 2を氷水に入れ、シャキッとさせて水気をよくきる。

4 鍋にたっぷりの湯を沸かし、ごく弱火にして酒大さじ1と塩小さじ1程度（ともに分量外）を入れて豚肉を3〜4枚ずつ入れ、豚肉の色が変わったらすぐに取り出してざるに上げる。

5 器に野菜と豚肉を盛り、黒酢味噌だれをかける。

## 甘酒豆花

台湾デザートの豆花（トウファ）、
我が家では砂糖を使わずに甘酒で作ります。
季節のフルーツと合わせれば、
さっぱりつるんと食べやすく、
夏疲れした身体に甘酒が染み渡ります。

**【材料】** 2〜3人分

〔豆花〕
豆乳（無調整）……¾カップ
甘酒（ストレートタイプ）……1カップ
粉ゼラチン……5g

〔トッピング〕
甘酒（ストレートタイプ）、
パイナップル（角切りにしたもの）、
ピーナッツ……各適量

**【作り方】**

1. 豆花を作る。粉ゼラチンは水大さじ1でふやかす。
2. 小鍋に豆乳を入れ、沸騰直前まで温めたら火を止める。
3. ボウルに2を入れ、ふやかした粉ゼラチンを加えてしっかり混ぜて溶かしたら甘酒を加えて混ぜる。
4. 3を保存容器に移し、粗熱が取れたら冷蔵庫で冷やしかためる。
5. 4をスプーンですくって器に盛り、パイナップルとピーナッツをのせ、甘酒をかける。

## 骨董の小皿や器

骨董市などで気に入ったものを集めては、
割れているところは金継ぎをして使っています。
金継ぎは、ただ単に器を“直す”というのではなく、
“より素敵にする”という考えが好きです。
以前は器が割れると絶望感しかありませんでしたが、
今では「金継ぎすればよいか！」と少し気が楽に。

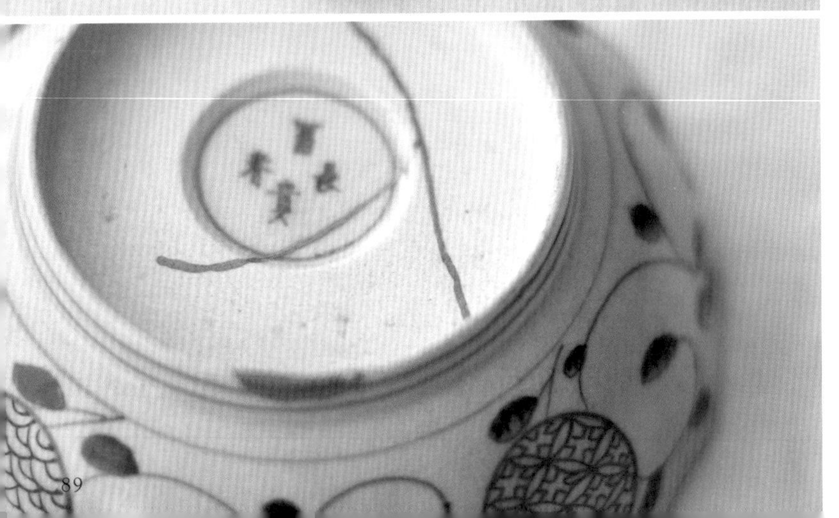

処暑

しょしょ

8/23—9/7頃

厳しい暑さも峠を越した時季。
朝晩は涼しくなり、
鈴虫など心地よい虫の声が聴こえてくる。

## れんこんが好き

少しずつ暑さが収まる頃、根菜が主役の季節がやって来ます。
切り方でまったく食感が変わるれんこんは、大好きな野菜のひとつ。
縦切りにして食感を生かした唐揚げもおすすめですが、
すりおろして味噌汁に入れると、とろりと身体が温まります。
すりながし汁は喉や胃の調子が悪いときにもおすすめです。

## れんこんのすりながし汁

【材料】　2人分
れんこん……100g
しょうが……1片
三つ葉……1株
だし汁……2カップ
味噌……大さじ1½

【作り方】
**1** れんこんとしょうがは皮ごとすりおろす。三つ葉は3㎝幅に切る。
**2** 鍋にだし汁を入れて中火にかけ、れんこんとしょうがを加えて2〜3分煮る。
**3** 味噌を溶かし入れ、三つ葉を加える。

## 自家製味噌ができ上がる

冬に仕込んだ自家製味噌は
6月頃から食べ始められますが、
本格的に使い始めるのは暑さが落ち着く
この時季が多いです。
芳醇な香りが漂ってきて、食欲をそそります。
でき立てホヤホヤの味噌は
きゅうりにつけても絶品。

### 味噌ミートソーススパゲッティ

自家製の味噌は和食に限らず幅広く使います。
ミートソースに加えるとコクと深みが出て、
さらにおいしくなります。
まさに縁の下の力持ち、〝味噌〟はすごい！
味噌ミートソースは多めに作り、トーストにしても。

【材料】 ミートソース（作りやすい量）／パスタ（2人分）
スパゲッティ……180g
牛挽き肉……300g
玉ねぎ（みじん切りにしたもの）……1個

セロリ(みじん切りにしたもの)……½本
にんにく(みじん切りにしたもの)……1片
赤唐辛子(種を除いたもの)……1本
オリーブオイル……大さじ1
赤ワイン……½カップ
塩、こしょう……各適量
A ホールトマト缶……1缶(400g)
　ローリエ(あれば)……1枚
味噌……大さじ1
パルミジャーノ・レッジャーノ……適量

【作り方】

1 フライパンにオリーブオイルとにんにくを中火で熱し、香りが立ったら玉ねぎ、セロリ、塩、こしょうを加えてよく炒める。

2 野菜がしんなりしたら挽き肉と赤唐辛子を加え、挽き肉をほぐすように炒める。

3 挽き肉の色が変わったら、赤ワインを加えて強火にしてアルコールを飛ばす。Aを加え、トマトを潰し、煮立ったら蓋をして弱火でときどきかき混ぜながら、30分煮込む。

4 鍋にたっぷりの湯を沸かし、1%の塩分になるように塩(分量外)を加える。スパゲッティを袋の表示通りに茹でる。

5 器にスパゲッティと味噌ミートソースを盛り、パルミジャーノ・レッジャーノを削りかける。

# 粉花さんのパン

以前は包丁のメンテナンスに合羽橋に通っていて、
合わせて寄っていたのが、姉妹で営む粉花さん。
天然素材にこだわり、ゆっくりじっくり発酵させることで
小麦の風味がしっかりとしたムチッとした生地が特徴です。
どのパンもおいしいけれど、特にお気に入りなのが、
山食とオレンジの丸パン。
今でもパンを求めて浅草まで足を延ばします。

## 味噌ミートソーストースト

【材料】 2人分
食パン …… 2枚
味噌ミートソース …… 140g
ピザ用チーズ …… 50g
タイム …… 適宜

【作り方】
食パンに味噌ミートソースとチーズをのせ、オーブントースターで焼く。好みでタイムをのせる。

**粉花**
**山食、オレンジの丸パン、丸パン**

東京都台東区浅草3-25-6
Tel　03-3874-7302
Open　10:30〜売り切れまで（日・月・火・祝日を除く）
Instagram　@konohanaasakusa

## ゴロゴロと贅沢な塩麹ツナ

塩麹に漬けたまぐろやかつおをツナにして仕込むと、しっとりと優しい塩気に。
自家製ならではに、ゴロゴロと大きめにほぐし、サラダやサンドイッチにしていただきます。

【材料】作りやすい量

まぐろ（刺身用／柵）……２００g
塩麹……大さじ1½
にんにく……1片
ローリエ……1枚
黒こしょう（ホール）……10粒
オリーブオイル……適量

【作り方】

1 まぐろは鍋に入れやすい長さに切ってポリ袋に入れ、全体に塩麹をもみ込み、冷蔵庫で30分置く。
2 にんにくは包丁の腹で潰す。
3 小さめの厚手の鍋に水気を軽くふき取ったまぐろ、にんにく、ローリエ、黒こしょうを入れ、被る程度のオリーブオイルを注いで中火にかける。
4 フツフツしてきたらごく弱火にし、5〜6分ゆっくり火を通す。途中で一度上下を返す。
5 火を止め、そのまま粗熱を取り、オイルごと保存容器に入れて保存する。

＊オイルに浸った状態で冷蔵庫で約1週間保存可能。

## りんどう

秋の山野草、りんどう。特に9月が咲き頃です。
清少納言と紫式部にも愛されたといわれ、
青紫色の秋らしい色に、
これから訪れる冬の到来を感じます。

## 白露

はくろ

9/8—22頃

夜中に大気が冷え、草花や木に朝露が宿り始める頃。日中の暑さも和らぎ始め、だんだんと秋の気配が近づく。

### 十五夜

十五夜にはお団子を15個お供えして食べるのが習わしだけれど、
毎年ささやかながら食べ切れる量のお団子を作ります。
我が家の定番、発酵あんこを添えて。

## お団子 発酵あんこ添え

【材料】 2人分
白玉粉……60g
発酵あんこ（121ページ参照）……適量

【作り方】
1 ボウルに白玉粉を入れる。水60mℓを用意し、少し残して混ぜる。
2 残りの水を調整しながら少しずつ加え、耳たぶ程度のかたさにし、10等分にして丸める。
3 鍋にたっぷりの湯を沸かし、弱い沸騰状態で丸めた白玉を入れる。鍋底からはがすように混ぜ、2〜3分茹でる。
4 白玉が浮かんできたらさらに1分茹で、冷水に取ってぬめりを洗い流し、水気をきって氷水で冷やす。器に水気をきった団子を盛り、発酵あんこを添える。

## バスクの思い出の味“焼ききのこ”

スペインとフランスのバスク地方に旅したとき、
バルで食べて一番印象的だったのがこの“焼ききのこ”でした。
ただ焼いただけのきのこに黄身をソースにし、
ちょっと強めに塩をふっただけですが、バスクのワイン、チャコリが進む味。
ポイントはきのこを触らずに強めの火で焼くことです。
こうすることできのこの水分が抜けて
旨味が凝縮し、香ばしく焼き上がります。
ただ、夫も私もお酒は弱いので、
家では塩気を控え、おかずとして楽しんでいます。

### 焼ききのこ

【材料】 2人分

しめじ、舞茸、エリンギ
（好みのきのこを合わせて）……各1パック（300g）
オリーブオイル……大さじ1½
黄身……1個分
塩、こしょう……各適量

【作り方】

1 しめじは石づきを切り落として食べやすい大きさにほぐす。舞茸はほぐす。エリンギは縦に手で割く。
2 フライパンにオリーブオイルを強めの中火に熱し、きのこを広げて焼き目がつくまで触らずに置く。
3 焼き目がついたら上下を返し、さらに焼く。
4 塩をふり、全体を炒め合わせて器に盛る。こしょうをふり、黄身をのせて塩をふる。

# この時季にしか食べられない
# 栗は毎年の楽しみ

栗のかたい鬼皮も、ひと晩水につけて置くだけでむきやすくなります。
皮をむかずに茹でて半分に切り、スプーンで実を食べたり、
取り出した実をジャムにすることも。

## 塩麹栗おこわ

栗の時季にはゴロゴロと大きなままの栗を炊き込んだおこわが欠かせません。塩麹を加えると、もっちりと仕上がり、冷めてもおいしいです。もち米を入れずに、うるち米だけで炊いても。

【材料】 作りやすい量

栗……500g
もち米、米……各1合
A ┌塩麹……大さじ2½
　 └酒、みりん……各大さじ1

【作り方】

1 栗と米類はそれぞれたっぷりの水にひと晩つけて水気をきる（時間がないときは、栗はぬるま湯に30分、米類は水に30分つけるだけでもよい）。

2 栗のおしりを包丁で切り落とし、包丁をひっかけるようにして鬼皮（外側のかたい皮）をむく。むいたものは水につけておく。

3 渋皮（薄い皮）を包丁でむく。むいたものから水につけておく。大きい栗の場合は半分に切る。

4 鍋に米類、A、水1¾カップを入れてさっと混ぜる。栗をのせ、蓋をして中火にかける。沸騰したら弱火にして10分加熱する。火を止め、そのまま10分蒸らす。

## 清寿軒のどら焼き

江戸時代から続く日本橋のお店のどら焼き。
以前撮影のときにいただいて、
どどーんとしたフォルムと箱の迫力に驚きました。
どら焼きは大判と小判がありますが、小判でも大満足なずっしり感です。

**清寿軒　どら焼き（小判）**

東京都中央区日本橋堀留町1-4-16
ピーコス日本橋ビル1F
Tel　03-3661-0940
Open　9:00～17:00（土・日・祝日を除く）
Homepage　http://seijuken.com

## 柿を干す

定番の渋柿を干すこともあるけれど、
甘柿のほうが手に入りやすいこともあり、
甘柿を薄切りにして短期間干すセミドライ干し柿をよく作ります。
ちょっとしたおやつや、お茶請けに。

辻和金網　蓋付き干しかご（大）

京都府京都市中京区堺町通夷川下ル亀屋町175
Tel　075-231-7368
Fax　075-231-7344
Open　9:00〜18:00（日・祝日を除く）
Homepage　http://www.tujiwa-kanaami.com
＊蓋付き干しかごの再販は未定。



秋の彼岸。昼と夜の長さがほぼ同じになる時季。
「暑さ寒さも彼岸まで」というようにここからさらに秋めく。

## セミドライ干し柿

【材料】作りやすい量
柿(種なし)……1個

【作り方】
1 柿は四つ割りにしてヘタを取り、皮をむく。縦に5㎜厚さに切る。
2 かごやざるに並べ、風通しのよいところで2~3日干す(かごは蓋付きのものがおすすめ)。

## セミドライ干し柿のくるみとチーズのせ

【材料】5個分
セミドライ干し柿……5枚
くるみ……5個
クリームチーズ、メープルシロップ、シナモンパウダー……各適量

【作り方】
器に干し柿を並べ、クリームチーズとくるみをのせ、メープルシロップをかけてシナモンパウダーをふる。

## そばの実を炒る

炒ったそばの実が好きです。
ただ空炒りしているだけなのに、なんともいえない香ばしさになります。
そのままポリポリ食べると止まらないヘルシーおやつにもなりますし、
サラダのトッピングやスープに入れたり、ごはんと炊いたりといろいろと使えます。
10分ほどしっかり茶色くなるまで炒るとそば茶に。
湯を注ぐと、ふんわりと香ばしい香りが広がります。

## そばの実入り塩麹ごはん

【材料】作りやすい量

そばの実（7〜8分空炒りしたもの）……140g
米……2合
塩麹……大さじ1½

【作り方】

1 米は洗い、水気をきる。鍋に米とそばの実を入れ、水540mlと塩麹を加えて軽く混ぜる。

2 蓋をして中火にかけて沸騰したら、弱火で10分加熱し、火を止めてそのまま10分蒸らす。

＊炊飯器で炊く場合は、水加減を3合の目盛りよりやや下にして普通に炊飯する。

## 秋野菜とそばの実のミネストローネ

【材料】3〜4人分

そばの実（7〜8分空炒りしたもの）……大さじ3
れんこん……70g
ごぼう……½本（70g）
にんじん……½本（75g）
玉ねぎ……½個
ベーコン……2枚
オリーブオイル……小さじ1
塩麹……大さじ1
こしょう……適量

【作り方】

1 野菜はすべて1cm角に切る。ベーコンは1cm幅に切る。

2 鍋にオリーブオイルを中火で熱し、*1*を炒める。野菜が透明になってきたら水3カップとそばの実を加え、蓋をして煮立ったら弱火にして10分煮る。

3 塩麹を加えて味を調えて器に盛り、こしょうをふる。

## 蒸し里芋

しっかり蒸した里芋に
オリーブオイルを垂らして塩をパラパラ。
じっくり蒸し上げてマッシュにしても
モチモチとしておいしいです。
少し涼しくなるこの頃から
蒸し料理がおいしくなってきます。

【材料】 2人分

里芋（小）……適量
オリーブオイル、塩……各適量

【作り方】

1 里芋はしっかり洗って蒸気が上がった蒸し器で20～30分蒸す。
2 竹串がすっと入ったら蒸し上がり。
3 器に盛り、半分に切ってオリーズオイルをかけ、塩をふる。

## 里芋マッシュ

【材料】 2人分

蒸し里芋
……小5個（200g）
クリームチーズ……30g
薄口醤油……小さじ½
塩……ひとつまみ
バゲット（薄切り）……適量

【作り方】

1 蒸し里芋は温かいうちにやけどに注意しながら水で濡らしたペーパータオルで里芋を包むようにして皮をむく。
2 ボウルに*1*を入れ、マッシャーなどで潰す。クリームチーズ、醤油、塩を加えて混ぜる。こんがり焼いたバゲットにのせて食べる。

寒露

かんろ

10／8——23頃

野の草花に宿る露が冷たい空気によって霜に変わる頃。秋晴れが多くなり、稲刈りも終わる時季。

## きのこを干す

きのこは干すと保存が効くだけでなく、旨味が増してよりおいしくなります。
炊き込みごはんやスープをシンプルに作っても滋味深い味わいに仕上がります。
室内の風通しがよいところに干すときはざる、外で風や鳥が気になるときは
蓋付き干しかごを愛用しています。

### 干しきのこ

【材料】作りやすい量
しめじ……1パック（100g）
えのき……1パック（100g）
舞茸……1パック（100g）
エリンギ……1パック（100g）

【作り方】
1 しめじは石づきを切り落としてほぐす。えのきは石づきを落として半分の長さに切る。舞茸はほぐす。エリンギは半分の長さに切り、縦に手で割く。
2 干しかごに入れるか、ざるにのせて天日で半日干す。

## 干しきのこの炊き込みごはん

【材料】作りやすい量

米……2合
干しきのこ……60g
A［醤油、酒……各大さじ2
　 みりん……大さじ1

【作り方】

1 米は洗い、水気をきる。
2 鍋に米、水370㎖、Aを入れて軽く混ぜ、干しきのこをのせて30分置く。
3 蓋をして中火にかけ、沸騰したら弱火にして10分加熱する。火を止め、そのまま10分蒸らす。

＊おにぎりにしたり、たたき梅をのせてもおいしい。

## 干しきのこと大根の滋味スープ

【材料】2人分

干しきのこ……20g
大根……80g
水……2½カップ
酒……大さじ1
薄口醤油……小さじ2

【作り方】

1 鍋に分量の水と干しきのこを入れて10分置く。
2 大根は短冊切りにする。
3 *1*の鍋に大根と酒を加えて中火にかけ、煮立ったら7〜8分加熱して火を止め、醤油で味を調える。

## 生落花生ごはん

この時季だけのごちそう、生落花生。
夫も大好物なので、毎年楽しみにしています。
生落花生は炒り落花生とはまったく違う味わい。
お米と一緒に炊く、手軽な生落花生ごはんがお気に入りです。

【材料】作りやすい量
生落花生(さや付き)……300g
米……2合
酒……大さじ1
塩……小さじ1¼

【作り方】
1 米は洗って30分浸水し、水気をきる。生落花生は水洗いし、殻をむく。
2 鍋に米、酒、水360㎖、塩を入れて軽く混ぜる。落花生をのせて蓋をして中火にかける。沸騰したら弱火にして10分加熱する。火を止め、そのまま10分蒸らす。

## ざるとかご

秋晴れも多くなり、干し物の時季。
ざるやかごが好きで、ついつい気に入るものを見つけると買ってしまいます。
干し物だけでなく、野菜を置いたり、果物を追熟させるときにも使います。
手入れにはなるべく洗剤を使わず、さっと洗ってふき、よく乾かします。

# 霜降

そうこう

10／24 ― 11／7頃

朝晩の冷え込みがさらに増し、北国や山里では霜が降り始める。山も紅葉に染まり、日が短くなったことを実感する時季。

## かぶの丸ごと焼き

じっくり焼くと温度が少しずつ上がり、
甘味が増して味わいが凝縮。
この時季のかぶならではの甘味に
焼き目の香ばしさがよく合います。
ツナ、オリーブオイル、
塩とこしょうと混ぜてディップにし、
カリッと焼いたトーストにのせても。

【材料】作りやすい量

かぶ……小6個
オリーブオイル、塩……各適量

【作り方】

1 オーブンを200℃に予熱する。
2 天板にアルミホイルを敷き、かぶを皮をむかずに丸ごとのせ、オリーブオイル大さじ1をかけて絡ませる。
3 温めたオーブンで30〜40分焼く。
4 やわらかく焼き上がったら器に盛り、オリーブオイルをかけて塩をふる。

## 焼きねぎのしょうが味噌汁

朝晩は冷えるので、
しょうが入りの味噌汁を。
焼いたねぎの香ばしさで
心も身体もホッとします。

【材料】 2人分

長ねぎ……1本
しょうが……1片
だし汁……2カップ
味噌……大さじ1

【作り方】

1 長ねぎは4㎝長さに切り、魚焼きグリルで焼き目がつくまで5～6分焼く。しょうがは皮ごとすりおろす。

2 鍋にだし汁を入れて中火にかける。煮立ったら長ねぎとしょうがを加え、火を弱めて味噌を溶き入れる。

## 細切り大根としょうがの豚汁

寒くなったら、栄養満点な豚汁を。
大根は麺を食べているようで好きなので、
細切りで入れることが多いです。
大根の皮は炒めて
コリッとした食感を楽しみます。

【材料】 2～3人分

豚バラ薄切り肉……150g
大根……¼本（250g）
しょうが……1片
だし汁……2カップ
味噌……大さじ1
ごま油……小さじ1
柚子胡椒（84ページ参照）……適量

【作り方】

1 大根と大根の皮はそれぞれ細切りに、しょうがはせん切りにする。豚肉は5㎝幅に切る。

2 鍋にごま油としょうがを中火で熱し、大根の皮を炒める。しんなりしたら豚肉を加えてさっと炒める。

3 豚肉の色が変わったら大根を加えて軽く炒め、だし汁を加えて煮立ったら弱火にして5分煮る。

4 火を弱めて味噌を溶き入れ、器に盛り、柚子胡椒をのせる。

## 左利き用の行平鍋

ほぼ毎日お味噌汁を作ります。
行平鍋を使うことが多く、18cmのサイズは
2人分の味噌汁を作るのにぴったり。
私は右利きですが、実は左利き用に作ってもらっています。
というのも左利き用は注ぎ口が右側についており、
汁物の盛り付けは左手で鍋を持って
右側に注ぐことが多いので、こちらのほうが便利なのです。

**鍛金工房 WESTSIDE33**
**ゆきひら鍋(アルミ)18cm**

京都府京都市東山区大和大路七条下ル七軒町578
Tel 075-561-5294
Open 10:00〜17:00(火を除く)
Homepage https://www.westside33.jp

立冬

りっとう

11／8―21頃

冬の始まり。木枯らしが吹き始め、木々の葉も落ち始める。気温も下がり、人も動物も冬支度を始める頃。

## 新豆

新豆の時季です。
なかなか茹でるのが大変な豆たちも
この時季だと、短い茹で時間で済みます。

## 砂糖を使わない、発酵あんこ

我が家では砂糖を使わず、米麹で作る“発酵あんこ”です。
一年中仕込む発酵あんこも、新豆の出るこの時季が一番仕込みやすいです。

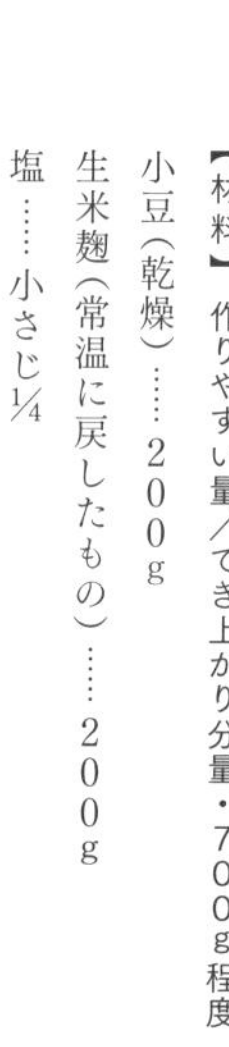

## 発酵あんこ

**【材料】** 作りやすい量／でき上がり分量・700g程度

小豆（乾燥）……200g
生米麹（常温に戻したもの）……200g
塩……小さじ¼

**【作り方】**

1 小豆は下茹でする。厚手の鍋に水3カップを入れて中火にかけ、沸いたらさっと洗った小豆を加える。再び沸いたら水1カップをさらに加え、再度沸騰したら10分茹でる。

2 鍋の蓋をして火を止め、30分蒸らしてアクを抜く。ざるに上げて湯をきり、さっと洗う。

3 鍋に小豆を戻し入れ、水3カップを加えて強火にかけ、沸騰したら弱火にし、小豆が踊る程度の湯加減でときどき混ぜながら50分茹でる。途中アクが出たら取り、水が少なくなったら足す。軽く指でつまんですっと潰れたら煮上がり。

4 そのまま小豆を冷まし、小豆と茹で汁に分ける。小豆を炊飯器の内釜に入れ、60℃程度まで冷ます。温度が高過ぎると、酵素が働かず、甘く仕上がらない。

5 *4*に米麹を加えて混ぜ、小豆の茹で汁を少しずつ加えながらしっとりするまでさらに混ぜる。茹で汁は底のほうのとろりとしたところから入れると風味がよくなる。加える茹で汁の分量は100〜120㎖が目安だが、小豆の状態によるので、状態を見ながら加減する。

6 内釜に濡れぶきんを2枚重ねにして被せ、蓋を閉めずに炊飯器の保温機能で10時間保温する。でき上がったら塩を加えて味を調える。清潔な保存容器に移す。

＊冷蔵庫で約3日、冷凍庫で約1か月保存可能。
＊乾燥麹でも作ることができる。その際は*5*の茹で汁を150㎖程度に調整する。

# ご褒美に、もりかげ商店のクッキー

いろいろな場所に行く度にクッキー屋さんを回ったりします。
なかでも、もりかげ商店さんのクッキーはまさに私好み。
温かいお茶が飲みたくなる季節のティータイムに。
ちなみにこのアンティークの椅子はもりかげさんが、
北海道に移転される際に譲っていただいたものです。

**もりかげ商店**

Homepage　https://morikageshouten.stores.jp
Instagram　@morikage.st

## 塩麹サムゲタン

冬の始まり。寒さが増してくる時季は、
塩麹に漬けた手羽元を使ったサムゲタンが我が家の定番。
次の日の朝に雑炊にするのもお楽しみです。

【材料】 2〜3人分
鶏手羽元……5〜6本（300g）
塩麹……大さじ1½
長ねぎ……1本
れんこん……100g
しょうが、にんにく……各1片
A ┌ もち米（または米）……大さじ3
　└ 松の実、クコの実（あれば）……各大さじ1
塩、こしょう……各適量

【作り方】
1 鶏手羽元は骨にそって切り込みを入れる。
2 保存袋に入れて塩麹を加えてもみ込んで冷蔵庫でひと晩置く。
3 長ねぎは青い部分も含めて5cm長さに、しょうがは皮ごと薄切りにする。にんにくは横半分に切る。
4 鍋に2、3、A、水3¾カップを入れ、蓋を少しずらしてのせ、中火にかける。沸騰したらアクを取り、再び蓋を少しずらして弱火で30分煮込む。
5 れんこんを皮ごとすりおろして加え、さらに5〜6分煮る。塩とこしょうで味を調える。

# いろいろ使える、味噌漬け

肉や魚を味噌漬けにしておけば、あとは焼くだけ。
かたくなりがちな豚肉もやわらかくなります。
季節の野菜と一緒に焼くと、なおおいしく、この時季の定番は長芋。
ホクホクと香ばしく焼き上がります。

## 豚肉と長芋の味噌漬け焼き

【材料】2人分

豚ロース肉(とんかつ用)……2枚(300g)
長芋……150g
サラダ油……小さじ2
A
- 味噌……大さじ2
- 酒、みりん……各小さじ2
- きび砂糖……小さじ1

レタス(細切りにしたもの)……2~3枚

【作り方】

1 長芋は皮ごと1cm厚さの輪切りにする。豚肉は筋を切る。Aは混ぜ合わせる。

2 豚肉と長芋を袋に入れてAを加えてなじませ、冷蔵庫でひと晩置く。

3 2の漬けだれをぬぐう。フライパンにサラダ油を弱めの中火で熱し、豚肉と長芋を2~3分焼く。裏返して弱火にして蓋をしてさらに3~4分、豚肉に火が通るまで焼く。レタスとともに器に盛る。

＊味噌漬けは冷蔵庫で3~4日、冷凍庫で約2週間保存可能。

# 小雪

しょうせつ

11／22
——
12／6頃

雪が降り始める時季。
まだ積もるほど降らないため、
小雪といわれる。

## 白菜

白菜自身が凍ってしまわないようにと、糖分を蓄えるので甘くなるため
この時季の白菜は甘味が増して一年で最もおいしいです。
鍋だけでなく、グラタンやキムチにも活躍します。

# 白菜の味噌グラタン

北風で身体が冷える時季は熱々のグラタンが食べたくなります。甘くて、とろりとした白菜はホワイトソースとも相性抜群。味噌で味をつけると深みが増します。

【材料】 2人分

白菜……⅛株(250g)
玉ねぎ……½個(100g)
ベーコン(ブロック)……100g
バター……20g
薄力粉……大さじ3
牛乳……2カップ
味噌……大さじ½
こしょう……少々
ピザ用チーズ……50g

【作り方】

1 玉ねぎは縦薄切りに、白菜は4㎝四方に切る。ベーコンは1㎝四方の棒状に切って長さ半分に切る。

2 フライパンにバターを中火で熱し、玉ねぎ、白菜、ベーコンを炒める。しんなりしたら弱火にして薄力粉を加え、さらに炒める。

3 粉気がなくなったら牛乳を少しずつ加えて混ぜる。

4 中火にしてとろみがつくまで加熱し、味噌、こしょうを加える。味見をして足りなければ塩少々(分量外)で味を調える。

5 グラタン皿に4を入れてチーズをかけ、オーブントースターでこんがりと焼き色がつくまで焼く。

小雪

# 酸味の効いたキムチが好き

おいしい白菜の時季に、キムチも仕込みます。
自家製キムチは好みの発酵の具合にできるのがよいところ。
私はほどよく酸味が効いたものが好きなので、少し長めに発酵させます。
我が家のキムチは、そのまま食べられるように切ってから漬けています。

## 白菜キムチ

【材料】作りやすい量

白菜……1/4株(500g)
塩……15g
［キムチの素］
白玉粉……4g
水……20㎖
だし汁……1/2カップ
韓国唐辛子(粗挽き)……大さじ1
韓国唐辛子(細挽き)……大さじ1
いかの塩辛……30g
りんご(芯を除いたもの)……1/4個
しょうが(すりおろしたもの)……1/4片
にんにく(すりおろしたもの)……1/2片
醤油……大さじ1/2
はちみつ……小さじ2
にら(3㎝幅に切ったもの)……2本
にんじん(細切りにしたもの)……1/5本(30g)
きび砂糖……大さじ1/4
塩……ひとつまみ

【作り方】

1 白菜は4〜5㎝四方に切り、軸と葉に分ける。
2 保存袋に白菜の軸、塩12gを加えてよくもむ。白菜の葉も違う保存袋に入れ、残りの塩3gを加えて同様によくもむ。それぞれ空気を抜いて封を閉じ、2kg程度の重石(500㎖のペットボトル4本など)をして20分置く。
3 2をペーパータオルで包んで両手でしっかり水気を絞る。
4 キムチの素を作る。白玉粉を水で溶き混ぜる。鍋にだし汁を入れて中火にかけ、沸いたら弱火にして溶いた白玉粉を加えて混ぜながらとろみがつくまで3分煮る。韓国唐辛子を加えて混ぜて冷ます。
5 フードプロセッサーにいかの塩辛、りんご、しょうが、にんにく、醤油、はちみつを入れて撹拌し、4に加えて混ぜる。
6 にんじんに砂糖と塩をふり、よくもむ。5ににんじんとにらを加えて混ぜる。
7 保存袋に白菜、作ったキムチの素を入れてよくもみ込み、空気を抜いて封を閉じ、1kg程度の重石をして直射日光の当たらない常温に3〜5日置く。ほどよい酸味と旨味が出たら完成。

＊冷蔵庫で約1週間保存可能。

## 大切な相棒、包丁

包丁は家でも仕事でも一番使う料理道具。
数か月に一度は研ぎをお願いしますが、
年末が近づくと必ず包丁を研いでもらっています。
今年もありがとうございました、と感謝を込めて。

## 大雪

たいせつ

12/7──21頃

雪が降り積もる、本格的な冬が到来。
森の動物たちの冬ごもりも始まる。

## 金柑のはちみつ漬けで風邪予防

空気が乾燥してくる時季です。
喉が痛くなってしまいそうなときには、
この金柑のはちみつ漬けが重宝します。
お湯割りにして飲むと、喉が楽になります。

### 金柑のはちみつ漬け

【材料】作りやすい量
金柑……200g
はちみつ……150g

【作り方】

1 金柑はヘタを取り、竹串で10か所ほど穴をあける（茹でたときに皮が破けるのを防ぐ）。

2 鍋に湯を沸かし、金柑を5分茹で、ざるに上げる。

3 ペーパータオルで水気をふき、横半分に切り、竹串で種を取る。

4 アルコール消毒をした清潔な瓶に金柑を入れ、はちみつを注いで蓋をして1日置く。

*冷蔵庫で約1か月保存可能。
*そのまま食べたり、ヨーグルトにかけたり、刻んで肉料理のソースにも使える。クリームチーズと合わせても。

## だしの効いたカレーうどん

寒い時季に、とろりとした
カレーうどんを食べたくなります。
お蕎麦屋さんで食べるような
だしの効いたものが好きです。
とろみをつけることでなかなか冷めないので、
ゆっくりと食べて身体を温めます。

【材料】2人分

冷凍うどん……2玉
豚こま切れ肉……100g
長ねぎ……1本
油揚げ……1枚
サラダ油……小さじ1
カレー粉……大さじ1

A
- だし汁……3カップ
- 削り節……4g
- 醬油、みりん……各大さじ3
- きび砂糖……小さじ1

水溶き片栗粉
……(片栗粉大さじ1½に
水大さじ2を混ぜたもの)

【作り方】

1 長ねぎは斜め薄切りにする。油揚げはざるにのせて両面に熱湯をかけて油抜きをし、縦長に切ってから1㎝幅に切る。

2 フライパンにサラダ油を中火で熱し、豚肉と長ねぎを炒める。豚肉にほぼ火が通ったらカレー粉を加えて炒める。

3 粉っぽさがなくなったらAを加えて混ぜ合わせる。煮立ったら、油揚げと水溶き片栗粉を加えて混ぜ、とろみが出るまで混ぜながら煮る。

4 うどんを温めて器に盛り、3をかける。

## キムチ鍋で温まる

鍋の素いらず、手軽に作れるキムチ鍋は我が家の定番。
赤唐辛子と熱々のスープで身体がポカポカに温まります。
〆にはキムチクッパがお決まりです。

### キムチ鍋

【材料】 作りやすい量／3〜4人分

白菜キムチ（129ページ参照）……300g（漬け汁ごと）
豚バラ薄切り肉……150g
絹ごし豆腐……½丁（150g）
長ねぎ……1本
にら……½束
ごま油、豆板醤……各小さじ2
A［味噌……大さじ2
　 醤油、みりん……各大さじ1

【作り方】

1 長ねぎは斜め薄切りに、にらは3cm幅に切る。豆腐は6等分に切る。豚肉は5cm幅に切る。

2 炒め調理ができる鍋にごま油を中火で熱し、豚肉と豆板醤を炒める。豚肉の色が変わったら一度取り出し、白菜キムチと長ねぎを炒める。

3 長ねぎがしんなりとしたら、鍋に水1ℓとAを加え、煮立ったら豚肉を戻し入れ、豆腐とにらを加える。豆腐が温まったらでき上がり。

＊〆にはごはん1膳、溶き卵1個を加えたキムチクッパがおすすめ。卵が好みの半熟になったら、小ねぎと焼き海苔をのせる。

## 京都たきものゑびすの塩芋けんぴ

そもそもちりめん山椒などのたきもの屋さんですが、
塩芋けんぴもとてもおいしいです。
さつまいもの時季に食べたくなる味。
極細シルエットと、いい意味でムラのある揚げ加減、
極細なのにちゃんと感じる芋感は、絶妙な塩加減のおかげ。
カリッとしっかり歯応えがあるところも大好きです。

**京都たきものゑびす**
**塩芋けんぴ**

京都府京都市上京区真盛町743-1
Tel 075-464-0110
Open 11:00〜17:00（水を除く）
Homepage https://www.takimono-yebisu.jp

# 冬至

とうじ

12／22 ― 1／5 頃

最も日が短くなる日。柑橘も黄色く色づく。かぼちゃ、柚子湯などで無病息災を願う。

## 香りも楽しみの柚子茶

以前、祖母の家には柚子の木があり、
遊びに行ったときは小さめの柚子をたくさんもらっていました。
その柚子とはちみつを使った柚子茶は我が家の定番。
湯で割ると、香りよく、さっぱりとした味で今でもよく作ります。

### 柚子茶

【材料】 作りやすい量
柚子……1個（150g）
はちみつ……210g

【作り方】

1 柚子は皮をむく。皮の白い部分を軽くそぎ、せん切りにする。果肉は果汁を搾る。

2 アルコール消毒をした清潔な瓶に*1*とはちみつを入れ、軽く混ぜ合わせる。常温で1日置く。

＊冷蔵庫で約1か月保存可能。

## 冬至の日には、かぼちゃを

冬至は、かぼちゃや柚子湯で無病息災を願います。
我が家は、かぼちゃのおしるこで身体を温めるのが定番。
砂糖の代わりに甘酒を使い、
かぼちゃの甘味を優しく引き立てます。

### かぼちゃのおしるこ

【材料】 2人分

かぼちゃ(種とワタを除いたもの)……正味150g
甘酒(ストレートタイプ)、牛乳……各½カップ
白玉粉……50g
みりん黒豆(141ページ参照)、
シナモンパウダー……各適量

【作り方】

1 かぼちゃはひと口大に切る。かぼちゃを水にくぐらせて耐熱皿に入れ、ふわりとラップをかけて600Wの電子レンジでやわらかくなるまで2分半ほど加熱する。粗熱が取れたら、皮を除いて潰す。

2 鍋にかぼちゃ、甘酒、牛乳を入れ、混ぜながら中火にかけて温める。

3 ボウルに白玉粉を入れる。水¼カップを用意し、少し残してボウルに加えて混ぜる。残りの水を調整しながら少しずつ加え、耳たぶ程度のかたさにし、8等分にして丸める。

4 鍋にたっぷりの湯を沸かし、弱い沸騰状態で丸めた白玉を入れる。鍋底からはがすように混ぜ、2〜3分茹でる。白玉が浮かんできたらさらに1分茹で、冷水に取ってぬめりを洗い流し、水気をきって氷水で冷やす。

5 器に2をよそい、白玉とみりん黒豆をのせ、シナモンパウダーをふる。

## みりん黒豆

大人2人と小さな子ども1人の家族ということもあり、
おせちはたくさん作らず、少量です。
その中でもこれだけは
ある程度の量を作るのが、みりん黒豆。
砂糖いらずで作れて、優しい甘さです。
おいしい本みりんを使うのが、上手に作るコツ。
この時季に限らず食べたくなるので、冷凍保存しています。

## 塩麹なます

おせち、お食い初めなどにおすすめの塩麹なます。
塩麹でまろやかな味わいに仕上がるので、
さっぱりとサラダ感覚でたくさん食べられます。
大根とにんじんの割合は、
大根10に対し、にんじんは1。
この割合だと、にんじんの赤がよく映えるように思います。

## みりん黒豆

【材料】作りやすい量

黒豆(乾燥)……200g

A
- 本みりん……1½カップ
- 醤油……小さじ1
- 重曹……小さじ½
- 塩……ひとつまみ

【作り方】

1 鍋に水4½カップを入れて強火にかけ、煮立ったら火を止めて温かいうちにA、黒豆、鉄玉子を入れてひと晩置く(煮汁が冷たい状態で黒豆を入れると皮が破れやすいので温かいうちに入れる)。

2 再び鍋を中火にかけ、煮立ったらアクを取る。ペーパータオルで落とし蓋をし、さらに鍋の蓋をして1~2時間弱火で煮る。

3 ひと粒食べてみて、豆がやわらかくなったら火を止め、落とし蓋、鍋の蓋両方をして煮汁ごとそのまま冷ます(冷ますときも空気に触れるとシワができるので、蓋をする)。

＊鉄玉子は黒く仕上げるために入れる。錆びた釘で代用可能。なくても味は変わらないが、入れるときれいな黒に仕上がる。

＊冷蔵庫で4~5日保存可能。

## 塩麹なます

【材料】作りやすい量

大根……¼本(250g)

にんじん……⅕本(30g)

塩麹……小さじ2

A
- 酢……大さじ3
- きび砂糖……大さじ2

ゆず皮(せん切りにしたもの)……適量

【作り方】

1 大根とにんじんは皮をむき、せん切りにする。塩麹をよくもみ込んで5分置き、水気をよく絞る。

2 ボウルに*1*とAを入れて和え、味がなじむまで15分置く。器に盛り、ゆず皮をのせる。

＊冷蔵庫で4~5日保存可能。

## お気に入りのみりん

発酵食品でもあるみりん。おいしいものはお酒として飲んでも絶品。
我が家ではお気に入りのみりんを2本常備しています。
ひとつは千葉県の馬場本店酒造の最上白味醂、
もうひとつは愛知県の角谷文治郎商店の三河味醂。
さっぱりとした甘味を出したいときは最上白味醂を、
深いコクのある甘味を出したいときは三河味醂を使っています。

**馬場本店酒造　最上白味醂**

千葉県香取市佐原イ 614-1
Tel　0478-52-2227
Open　9:00〜17:00（不定休）
Homepage　https://babahonten.com

**角谷文治郎商店　有機三州味醂**

愛知県碧南市西浜町6-3
Tel　0566-41-0748
Fax　0566-42-3931
Homepage　https://mikawamirin.jp

## 我が家のお雑煮はまあるく

夫の実家も、私の実家も、偶然お雑煮が似ていて
関西がルーツの丸もち、白味噌仕立てです。
それをそれぞれ受け継ぎつつ、作りやすく仕上げています。
なるべく具材は丸く、“家族円満”の願いを込めて。

### お雑煮

【材料】 2人分
丸餅……2個
里芋……2個
大根……2〜3cm(50g)
にんじん……3〜4cm
だし汁……2カップ
白味噌……大さじ2½
削り節、ゆず皮……各適量

【作り方】
1 里芋は1cm幅の輪切りに、大根は1cm幅のいちょう切りに、にんじんは5mm幅の輪切りにする。
2 鍋にだし汁を入れて中火にかける。煮立ったら1を加えて蓋をして7〜8分煮て、味噌を溶き混ぜる。
3 別の鍋に湯を沸かし、丸餅を入れてやわらかくなるまで煮る。
4 椀に丸餅、2を盛り、削り節、ゆず皮をのせる。

## 小寒

しょうかん

1/6―19頃

冬至と大寒の間。寒さが極まる少し手前で、本格的な寒さを迎える、寒の入りの時季。

### 親戚からポンカンが届く

和歌山に住む親戚から毎年ポンカンが届きます。
サクサク、さっぱりしているポンカンはいくらでも食べられます。
種があって少し食べづらいですが、
生命力を感じてなんだかうれしい、冬のフルーツ。

# 小豆粥で身体を整える

1月15日、一年の邪気を払う目的で食べられる小豆粥。
小豆の風味が味わえるよう、醤油味で食べやすく仕上げます。
おいしいので、胃が重たい日の朝ごはんにも作ります。

## 小豆粥

【材料】 2〜3人分
小豆(乾燥) …… 50g
米 …… 1/2合
薄口醤油 …… 小さじ2

【作り方】
1 米は洗い、30分浸水させる。
2 鍋に小豆を入れ、被る程度の水を加えて中火にかける。煮立ったら2〜3分煮て、ざるに上げる。
3 同じ鍋に小豆を戻し入れ、水3カップを加えて中火にかける。煮立ったら弱火にし、30分茹でる。小豆がややかためのやわらかさになったら、小豆と茹で汁に分ける。
4 鍋に米と小豆を入れ、茹で汁と水を合わせて4カップにして加え、中火にかける。
5 沸騰したら鍋底から一度かき混ぜる。弱火にして蓋を少しずらしてのせ、30分煮たら醤油で味を調える。

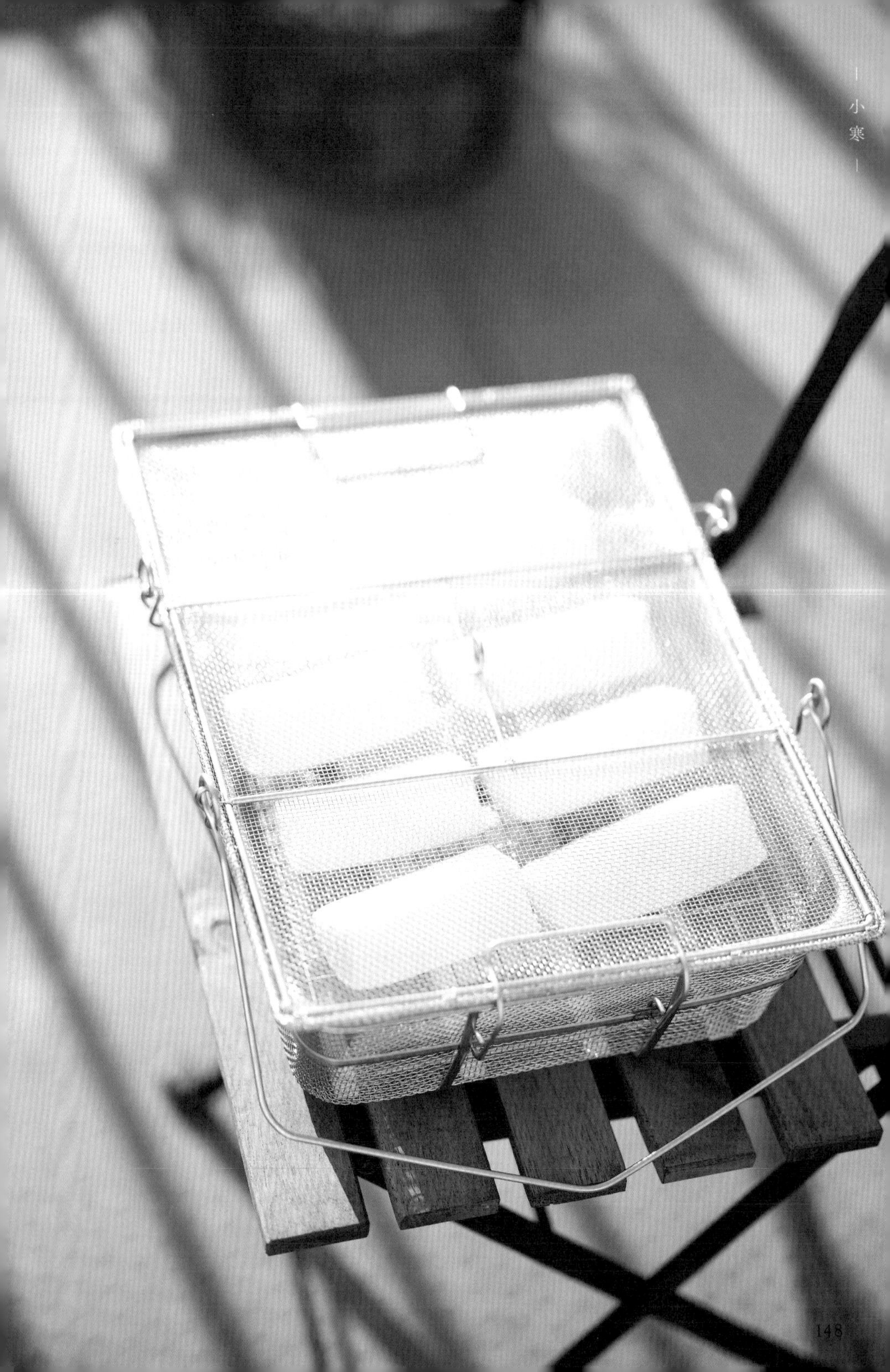

# すぐにできる我が家のたくあん

手軽に仕込む簡単たくあんは冬の定番。
通常、たくあんは大根1本のままで干しますが、
それだと時間がかかり、毎日の天気も気にかかります。
でも切ってから干すと、数日で干し上がり、さらに味も入りやすいのです。
発酵させるレシピではないのでさらに手軽で、さっぱりとした味わい。

## 簡単たくあん

【材料】作りやすい量
大根……1本(1.2kg)
きび砂糖……90g
塩……30g
酢……大さじ2
ゆず皮……適量

【作り方】
1 大根は3等分の長さに切り、四つ割りにして2~3日天日に干す。
2 保存袋に*1*、砂糖、塩を入れてよくもんでから、酢とゆず皮を加え、全体をなじませる。
3 空気を抜いて封を閉じ、冷蔵庫に入れてときどき上下を返して1週間漬ける。

*冷蔵庫で約2週間保存可能。

## ねぎは真っ黒こげに焼く

長ねぎの甘味が増す時季は焼きねぎを。
シンプルな調理法ですが、
長ねぎを一番おいしく食べられる方法だと思っています。
真っ黒に焼けた皮をナイフで切れば、
白く、とろとろの甘いねぎが出てきます。
おいしいオリーブオイルと塩をパラパラとふって召し上がれ。

## 長ねぎのグリル

【材料】 2人分
長ねぎ……3本
オリーブオイル、塩……各適量

【作り方】
1 長ねぎは半分の長さに切る。
2 魚焼きグリルに長ねぎを入れ、強火で転がしながら全面が焦げるまで15分焼く。
3 器に盛り、外側の皮をナイフで切り、中身にオリーブオイルをかけ、塩をふって食べる。

大寒

だいかん

1/20 — 2/3頃

最も寒く、味噌や酒などの寒仕込みによい時季。二十四節気最後の節気でここを乗り切れば、春も間もなく。

## 味噌仕込みの時季

この時季に仕込む味噌は、
じっくりと発酵が進んで旨味がしっかりと増します。
お気に入りの味噌を買ったりもするので、少量仕込み、
毎年夫と仕込んで味比べをします。
同じ分量で同じ日に仕込んでいるのに味が違うのがおもしろいです。

## 自家製味噌

【材料】 作りやすい量
／でき上がり分量・1.6kg程度

大豆（乾燥）……300g
生米麹（常温に戻したもの）
……600g
塩……165g

【作り方】

**1** 大きなボウルに大豆を入れ、4倍以上の水を加え、18時間以上浸水させる。大豆が2倍以上に膨らむ。

**2** 厚手の鍋に水気をきった大豆を入れ、被る程度の水を加えて強火にかける。沸騰したらアクを取り、弱めの中火にしてフツフツと軽く沸いている状態を保ち、ときどき混ぜながら3〜4時間茹でる。途中アクが出たら取り、水が少なくなったら足す。軽く指でつまんですっと潰れる程度になったらざるに上げ、煮汁は取り置く。

**3** 温かいうちにフードプロセッサーでペースト状に潰して大きなボウルに入れる。保存袋に入れ、手ですり潰してもよい。

**4** ポリ袋に米麹と塩を入れてふって混ぜる。

**5** 3のボウルに4を数回に分けて加え、その都度手ですり潰すようによく混ぜる。大豆の煮汁を加えながらしっとりとやわらかくなるまで混ぜる。煮汁は3/4カップ程度が目安だが様子を見て、調整する。

**6** 片手で握れる量ずつ手に取り、ボール状にして両手でぎゅっと握って空気を抜く。

**7** アルコール消毒をした清潔なホーロー容器に隙間がないように6をしっかり詰める。

**8** 表面を平らにしてラップをぴったりはりつけ、蓋をして直射日光に当たらない常温に置く。

**9** 半年ほどして味がまろやかになり、色が濃くなったらでき上がり。

＊乾燥麹を使う場合は大豆の茹で汁を少し多めにし、調節する。
＊ときどき様子を見て、カビが出ていたらカビとその周辺を取り除き、アルコールスプレーで消毒し、再び新しいラップをはりつけ、蓋をする。
＊好みの味になったら冷蔵庫で保存する。

# 大人のおやつ、酒粕チーズケーキ

酒粕は常備しているので、日々の味噌汁にプラスしたり、
かす漬けにすることが多いですが、
チーズケーキに酒粕を入れるとコクが出て絶品です。

## 酒粕チーズケーキ

【材料】直径15㎝の丸型・1台分
クリームチーズ（常温に戻したもの）……200g
酒粕（板粕）……40g
きび砂糖……50g
生クリーム……80㎖
卵（常温に戻したもの）……1個
薄力粉……大さじ2

【作り方】
1 型にオーブンシートを敷く。
2 耐熱容器に酒粕を手でちぎって入れる。水大さじ1をふりかけてふんわりラップをかけ、600Wの電子レンジで30秒加熱してよく混ぜる（ペースト状の酒粕や練り粕を使う場合は、この工程を省略する）。
3 オーブンを180℃に予熱する。
4 ボウルにクリームチーズと2の酒粕を入れ、ゴムベラでなめらかになるまで混ぜ、砂糖を加えてすり混ぜる。
5 生クリーム、溶いた卵をそれぞれ少しずつ加え、その都度、泡立て器で静かに混ぜる。なめらかになったら薄力粉をふるい入れて同様に混ぜる。
6 粉気がなくなったら型に注ぎ入れ、表面をならし、3㎝程度の高さから数回落として空気を抜く。
7 天板にのせ、温めたオーブンで40～50分焼く。
8 オーブンから取り出し、粗熱が取れたら冷蔵庫でひと晩しっかり冷やす。

## 羽場こうじ店の米麹

いろいろな米麹を試しますが、
大好きなのが秋田県横手市、
羽場こうじ店さんの生米麹。
酵素がしっかりと働いて甘味と旨味がしっかり出ます。
この麹を使った〝くらをの米麹茶〟もお気に入りです。

**羽場こうじ店　羽場のこうじ**

秋田県横手市増田町三又字羽場72
Tel　0182-45-2600
Open　平日9:00～17:00、
土曜日9:00～15:00（日・祝日を除く）
Homepage　https://habakojishop.handcrafted.jp

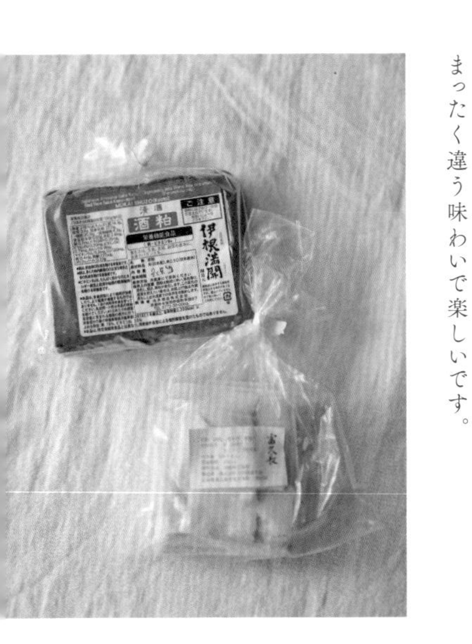


## お気に入りの酒粕

日本酒を搾る時季が落ち着くと、
搾り立ての酒粕が出回ります。
毎年酒粕はいろいろなものを取り寄せていますが、
なかでも楽しみなのが広島県の今田酒造さんの酒粕と、
京都府の伊根の古代米を使った向井酒造さんの酒粕。
まったく違う味わいで楽しいです。

**今田酒造　富久長の酒粕**

広島県東広島市安芸津町三津3734
Tel　0846-45-0003
Open　9:00～17:00（土・日・祝日を除く）
Homepage　https://fukucho.jp

**向井酒造　伊根満開酒粕**

京都府与謝郡伊根町平田67
Tel　0772-32-0003
Open　9:00～17:00（木を除く）
Homepage　https://www.kuramoto-mukai.jp

# トロトロあんたっぷりの茶碗蒸し

寒さが厳しい夜は、茶碗蒸しが食べたくなります。
我が家は具材の入っていないシンプルな茶碗蒸しで、
とろとろのあんをかけて熱々を食べます。
特別な日はカニ缶を入れてちょっと贅沢にすることも。

## あんかけ茶碗蒸し

【材料】 4個分

卵……2個

A
- だし汁（冷ましたもの）……1½カップ
- 薄口醤油……小さじ1
- 塩……小さじ¼

B
- だし汁……¾カップ
- みりん……大さじ1
- 薄口醤油……大さじ½
- 水溶き片栗粉……（片栗粉大さじ½に水大さじ1を混ぜたもの）

ゆず皮……適量

【作り方】

1 ボウルにAを合わせ、卵をよく溶いてざるで濾しながら加える。

2 耐熱容器に均等に流し入れ、アルミホイルでひとつずつ蓋をする。

3 蒸気がしっかり上がっている蒸し器に2を入れる。蒸し器に菜箸を挟んで少し蒸気が逃げるようにして蓋をし、強火で3分、弱火で20分火が通るまで蒸す。

4 器を傾けてみて、かたまっていて透明な汁が出たら蒸し上がり。

5 蒸し上がりに合わせ、水溶き片栗粉以外のBを鍋に入れて火にかける。煮立ったら火を止めて水溶き片栗粉を加え、弱火にかけて混ぜながらとろみをつけてあんにする。

6 4に熱々のあんを回しかけ、ゆず皮をのせる。

## せいろ

この時季は蒸し器のせいろが重宝します。
せいろは直径24㎝のもので、台湾の道具屋さんで見つけたもの。
少しゆがんでいますが、使い勝手がよくて、
茶碗蒸しなどの蒸し物だけでなく、パンを温める際にも重宝します。
蒸し物をしている時間は温かくて心地よいのです。

榎本美沙

料理家・発酵マイスター。季節の手仕事、旬の食材を使った料理、発酵食品などを中心に雑誌や書籍、TVなどで活躍中。YouTube「榎本美沙の季節料理」はチャンネル登録者数30万人を超える。著書に『榎本美沙の発酵つくりおき』（家の光協会）、『からだが喜ぶ発酵あんことおやつ』（主婦と生活社）など多数。

Instagram
@misa_enomoto

榎本美沙の料理教室
https://online.misa-enomoto.com

撮影／宮濱祐美子
デザイン／高橋 良［chorus］
調理アシスタント／深瀬華江
編集／小池洋子［グラフィック社］

二十四節気の心地よい料理と暮らし

二〇二四年二月二十五日　初版第一刷発行
二〇二四年四月二十五日　初版第二刷発行

著者　榎本美沙
発行者　西川正伸
発行所　株式会社グラフィック社
〒一〇二－〇〇七三
東京都千代田区九段北一－十四－十七
電話　〇三－三二六三－四三一八（代表）
〇三－三二六三－四五七九（編集）
https://www.graphicsha.co.jp

印刷・製本　図書印刷株式会社


ISBN978-4-7661-3861-0 C2077